내 생애 꼭 한 번
가봐야 할
체험여행

Unforgettable Things To Do Before You Die by Steve Watkins and Clare Jones
Text and photography copyright © Steve Watkins and Clare Jones 2005
The moral right of the author's has been asserted.
Additional picture credits:
P55 Spirit Bear and pp 156-7 Dahab © Oxford Scientific / photolibrary.com
P108 Las Vegas Strip at night © Bob Krist / CORBIS
BBC and the BBC logo are trademarks of the British Broadcasting Corporation and are used under licence
BBC logo © BBC 1996
All rights reserved.

This translation of Unforgettable Things To Do Before You Die was first published in 2005 by BBC Books, an imprint of Ebury Publishing. Ebury Publishing is a division of the Random House Group Limited.
Korean translation copyright © 2006 Nexus Books, a division of Nexus Press Ltd.
Korean translation rights arranged with Woodlands Books Ltd., UK via Bestun Korea Agency, Korea.

이 책의 한국어판 저작권은 베스툰 코리아 에이전시를 통해 저작권자와 독점 계약한 넥서스Books에 있습니다.
저작권법에 의하여 한국 내에서 보호를 받는 저작물이므로 무단전재와 무단복제를 금합니다.

옮긴이 김재홍
성균관대 영문학과를 졸업하고 출판번역에 전념하고 있다. 옮긴 책으로는 《꿈을 도둑맞은 사람들에게》《어느 선장의 가르침》《2001년 9월 11일》《물의 찬가》 등이 있다.

내 생애 꼭 한 번 가봐야 할 체험여행

지은이 스티브 와킨스 · 클레어 존스
옮긴이 김재홍
펴낸이 안용백
펴낸곳 넥서스BOOKS

2판 1쇄 인쇄 2008년 3월 1일
2판 1쇄 발행 2008년 3월 5일

출판신고 2001년 6월 28일 제311-2002-000003호
121-840 서울시 마포구 서교동 394-2
편집 Tel (02)380-3864 Fax (02)380-3884
영업 Tel (02)330-5500 Fax (02)330-5555

ISBN 978-89-5797-327-1 13980

가격은 뒤표지에 있습니다.
잘못 만들어진 책은 바꾸어드립니다.

www.nexusbook.com

내 생애 꼭 한 번 가봐야 할

체험여행

스티브 와킨스·클레어 존스 지음 | 김재홍 옮김

넥서스BOOKS

12 개썰매에 올라타다, 스웨덴

18 애버리지니의 꿈을 엿보다, 오스트레일리아

36 샤토 그리고 와인 맛보기, 프랑스

42 세상에서 가장 짜릿한 급류 타기, 잠비아

60 플라이 낚시와 위스키, 스코틀랜드

66 아치 밑을 통과하는 도보 여행, 미국

84 히말라야 모험, 네팔

90 아이다 관람, 이탈리아

108 도박 그리고 현란함, 미국

114 코끼리 타기, 네팔

24 동서양의 차이를 뛰어넘다, 터키

30 열대우림과 산호초 탐험, 벨리즈

48 사파리 비행, 나미비아

54 영혼의 곰을 뒤따라가다, 캐나다

72 전사의 삶을 맛보다, 몽골

78 '잃어버린 세계'의 강으로, 베네수엘라

CONTENTS

96 파도 속을 질주하다, 미국

102 온천에서 수영을 즐기다, 아이슬란드

120 헬리 하이킹의 낙원 로키 산맥, 캐나다

126 펠러커를 타고 나일 강으로, 이집트

132 화산에 오르다, 과테말라

138 최고의 산책길 밀퍼드 트래킹, 뉴질랜드

156 홍해 속으로 잠수하다, 이집트

162 백마를 타고 달리는 바닷가, 뉴질랜드

180 낙원을 발견하다, 몰디브

186 수크에서 쇼핑을, 모로코

204 오지 토레스 델파인 트래킹, 칠레

210 바자 반도에서 즐기는 바다 카약, 멕시코

228 논길을 달리는 자전거 여행, 베트남

234 사하라의 축제, 튀니지

144 낙타 여행, 요르단

150 마디그라 축제에 빠져들다, 미국

168 만리장성을 따라 걷는 여행, 중국

174 들꽃과 인사하기, 크레타 섬

193 검은꼬리누를 따라가다, 탄자니아

198 달리는 궁전에 몸을 싣다, 인도

216 라이스보트로 크루즈 여행, 인도

222 발레 블랑쉬에서 스키를, 프랑스

240 중세의 도시를 발견하다, 에스토니아

246 흑진주를 찾아서, 폴리네시아

Introduction

 멋진 경험으로 기억되는 여행은 많지만 정말 잊을 수 없는 여행은 드물다. 잊혀지지 않는 여행을 하려면 평범함을 뛰어넘는 무언가가 필요하기 때문이다. 오랫동안 사라지지 않는 여행의 만족감이 선물처럼 주어지는 순간은 언제일까? 바로 경이로운 자연과 마주치거나 상상을 초월하는 풍경 속에 발을 내디뎠을 때, 혹은 사물을 바라보는 전혀 새로운 관점을 발견했을 때다. 그렇다면 문제는 어떻게 그런 기회를 갖느냐에있다.

요즘은 사무실에 앉아 창 밖을 내다보고 있다가도 하루 안에 몽골의 벌판에서 말을 내달리는 일이 가능한 시대다. 또 금요일 저녁의 가슴 답답한 러시아워에 갇혀 있다가도 토요일 오후에는 모로코의 시장에서 떠들썩한 쇼핑을 즐길 수도 있다. 점점 더 많은 사람들이 일상에서 벗어나 색다른 경험에 도전하는 여행자들이 늘고 있다. 바닷가를 찾는 뻔한 휴가를 보내기보다 몸과 마음, 그리고 영혼의 휴식을 원하는 사람들이 그 어느 때보다 많은 것이다.

오늘날 미디어는 세계 곳곳의 문제점들을 광범위하게 다루고 있지만 지구는 여전히 경이롭고 아름다우며 생각보다 평화로운 지역도 많다. 이탈리아 베로나의 로마 시대 원형극장에서 15,000여 관객들과 함께 오페라를 감상하거나 나미비아의 해골 해안처럼 산더미 같은 모래 언덕이 즐비한 오지 위를 홀로 걸으면서 말로 표현할 수 없는 행복을 느낄 수 있다.

평생 잊을 수 없는 체험 여행 40가지를 고르기 위해 우리가 선정한 목적지는 모두 훌륭한 여행지들이다. 하지만 마치 마술에 걸린 듯한 기억들을 꼽자면 아주 사소하고 순간적인 것들이 많다.

이를테면 가을 석양이 지는 캐나다 로키 산맥에서 얼룩다람쥐를 찾아 코를 킁킁대는 회색 곰을 볼 때, 스웨덴의 투명한 눈 위를 맹렬하게 달려가는 허스키들과 함께 흥분을 느낄 때, 그리고 세렝게티 초원에서 길을 잃은 검은꼬리누 새끼가 점점 다가오는 하이에나와의 첫 대면을 피해 무의식적으로 달아나는 모습을 지켜볼 때 등이다. 이것은 모두 단편적인 이미지에 지나지 않지만 지구 여행을 특별하게 만드는 극적이고 숭고한 순간들이기도 했다.

많은 노력을 기울였지만 그 모든 순간을 필름에 담아낸다는 것은 불가능했다. 하지만 무엇보다도 이번 프로젝트를 통해 깨달은 점은 체험 여행에서는 사신을 찍는 것보다 여행 자체를 느끼는 것이 중요하다는 사실이다.

이 책에서 소개하는 잊을 수 없는 체험 여행이 즐겁게 읽히기를 바라지만 우리와 여러분의 체험이 반드시 일치하지는 않을 것이다. 여러분이 우리의 체험을 자극제 삼아 과거에 다녀온 여행을 추억하거나 앞으로 떠날 여행에 대한 각오를 다지는 한편, 지구가 선사하는 다양하고 놀라운 모험들을 살펴볼 기회를 얻는다면 우리는 그것으로 족하다.

이 책에 실린 여행지의 위치는 252~253쪽의 지도에 전부 표시되어 있다. 우리의 선정 기준은 여러 가지였다. 우선 모든 여행은 2주 이내에 마칠 수 있는 것이어야 했는데 일주일 안에 집으로 돌아올 수 있는 여행도 많았다. 또 대부분은 혼자서도 떠날 수 있는 여행이었다. 그래서 여행을 떠나기 위해 괜히 직장을 그만둘 필요가 없다.

오스트레일리아의 그레이트 배리어 리프와 미국의 그랜드 캐니언과 같이 제외된 일부 여행지는 스티브 데이브가 쓴 본 시리즈의 첫 번째 책 〈평생 잊을 수 없는 여행지 40〉에서 찾아볼 수 있을 것이다.

우리가 특히 신경 쓴 것은 여행을 통해 진정 잊을 수 없는 체험을 할 수 있어야 한다는 점이다. 세렝게티의 사파리 여행은 어떤 식으로 가도 좋은 여행이지만 2인승 자동차와 특별 요리가 제공되는 널찍한 천막 캠프, 그리고 잠이 든 동물을 찾아서 보여 주는 전문적인 가이드가 있으면 훨씬 특별한 체험으로 남는다.

조사한 바에 따르면 많지 않은 예산으로도 비슷한 수준의 여행을 즐길 수 있는 많은 방법들이 있다. 하지만 '고급스러움'이 주는 특별함은 언제나 비용을 지불할 만한 가치가 있다. 또한 우리는 지리적으로 볼 때 전 세계의 여행지를 골고루 택해 시각적으로 구분되는 장소들을 소개하고자 했다.

이 흥미진진하고 도전적인 1년간의 탐사 기간 동안 우리는 5개 대륙을 돌며 28만 킬로미터 이상을 주파했고 사막의 열기와 열대우림의 습기, 그리고 얼어붙는 듯한 추위 속에서 사진을 찍었다. 뿐만 아니라 무수한 시간을 들여 여행 계획을 짜고 수많은 사람과 회사와 단체의 도움을 받았다. 이들의 목록은 254~255쪽에서 확인할 수 있다.

여행의 종류에 따라서는 이른 새벽에 잠을 깨우는 전화를 받거나 저녁 식사를 걸러야 하는 경우도 있지만 모든 사람을 대상으로 하는 여행을 골랐기 때문에 여러분이 하게 될 체험은 여기서 읽고 본 그대로일 것이다.

이 책을 읽는 독자들 중엔 이미 여기에 소개된 여행지를 많이 여행한 독자도 있을 것이다. 또 다른 독자들은 앞으로 소개한 여행지 중 한곳을 골라 직접 여행을 해볼 수도 있을 것이고, 그렇지 않은 독자들은 책이 주는 간접경험에서 느껴지는 감흥만 즐길 수도 있을 것이다.

  중요한 것은 여러분 모두가 이 책을 읽는 것만으로도 이미 여행자의 세계에 들어섰다는 사실이다. 여행자란 우리를 둘러싼 세상을 탐험하고픈 욕망에서 상상력을 과감히 해방시켜 자유롭게 내달리도록 하는 사람들이기 때문이다.

스티브 왓킨스 · 클레어 존스

스웨덴 클로카
개썰매에 올라타다

겨울이 황홀한 엠틀란드 Jämtland, 그 중에서도 전나무 숲과 얼음호수, 그리고 완만한 산들이 들어선 클로카 Klocka는 개썰매를 타기에 가장 이상적인 곳으로 알려져 있다. 추운 날씨 속에 격렬하게 개썰매를 타고 나면 그날 저녁에는 스웨덴식 전통 사우나로 피로를 푸는 호사를 누릴 수 있다. 널리 알려져 있진 않지만 클로카는 이 모든 것을 누릴 수 있는 곳이다.

노르웨이와 맞닿은 쉴라르나 Sylarna 산자락의 작고 오래된 농촌 마을 클로카는 황홀하도록 아름다운 온셴 Ånnsjön 호숫가에 자리하고 있다. 물가에는 순록들이 거닐고 머리 위로는 맹금류들이 원을 그리며 난다. 유일하게 이곳의 황량함을 덜어주는 오래된 농가, 클로카 피엘고르드 Klocka Fjällgård는 스웨덴의 유명한 가구 디자이너 니르반 리크테르 Nirvan Richter의 손

그로셸리엔의 낮게 드리운 겨울 햇살 속을 달려가는 개들

허스키

13

스웨덴

을 거쳐 고급 사우나 시설을 갖춘 안락한 부티크 호텔로 개조되었다.

이곳이 그저 고요하기만 한 것은 아니다. 썰매를 끌고 다니며 폭풍처럼 눈보라를 일으키는 허스키들이 있기 때문이다. 이 영리하고 개성이 강한 개들은 썰매를 꺼내거나 개집에 다가가기만 해도 짖고 구르고 흥분해서 몸부림친다. 앞에서 썰매를 이끄는 개들에서부터 썰매 줄을 매려면 한바탕 난리를 치러야 한다. 하지만 썰매를 땅에 고정시키는 스노 앵커를 풀기만 하면 그 난리와 소음은 펄펄 뛰는 힘으로 바뀐다. "썰매를 끄는 법은 배울 필요가 없다. 멈추는 법만 배우면 된다"고 했던 클로카의 썰매꾼 카리 메트Kari-Mette의 말 그대로다.

허스키들의 힘과 열정, 온순한 본성은 누구도 부정할 수 없다. 좁은 숲길을 질주하기 시작할 땐 걷잡을 수 없이 솟구치는 힘만으로 달리다가 잠재된 집단 사냥 본능으로 호흡을 일치시키면서 깊은 눈 속을 수월하게 내달

나지막하게 누운 발룬 언덕을 향해 가는 모습

허스키들은 하루에 50킬로미터 이상 썰매를 끌 수 있다

린나.

  여기저기 조성된 숲을 통과해 클로카 북동쪽의 발룬 Vallrun 언덕에 도착하면 지평선 너머로 높지 않게 뜬 겨울 태양이 질주하는 개들과 썰매에 기다란 그림자를 드리운다. 평소 기온이 영하를 한참 밑도는 이곳에서는 태양의 부드러운 온기가 반갑기만 하다. 개썰매를 타려면 보온성이 뛰어난 옷을 껴입어야 한다. 물론 움직임이야 상처 입은 하마처럼 둔해지겠지만 그렇지 않으면 감기에 걸리기 십상이다.

  사람의 발길이 닿지 않는 산중 호수 쇠드라 그로셴 Södra Gråsjön은 유일하게 썰매가 지나는 탁 트인 평지이다. 그 호수 위를 미끄러지듯 달리노라면 자연과의 교감과 해방감은 절정에 달하고, 새로 익힌 썰매 조종술로 힘차게 달리며 속도를 더 높이고 싶어진다. 그래서 왼쪽으로 돌고 오른쪽으로 돌라고 자꾸자꾸 소리치다 보면 허스키들은 어깨 너머로 약간 혼란스러운 눈빛을 비춘다. 인간에게 호의적이고 말을 잘 듣는 것은 사실이지만 100미터만 썰매를 끌어보면 썰매에 탄 사람이 초보 썰매꾼인지 파악할 수 있기 때문이다. 이제 다시 현실로 돌아오면 개들은 가파른 비탈을 달려 올라가 그로셸리엔 Gråsjölien에 있는 아름다운 전망대와 식당으로 들어간다.

클로카 피엘고르드에서 바라본 진홍빛 일출

이곳의 경치는 알래스카처럼 웅장하진 않지만 조각같이 아름다운 풍경과 개썰매는 완벽한 조화를 이룬다. 저 멀리 보이는 쉴라르나 산과 분네르피엘렌 Bunnerfjällen 산은 높긴 하지만 전나무 숲이 듬성듬성한 계곡까지 내려오는 모양은 거칠기보다 완만한 모양을 하고 있다. 개들도 이곳을 좋아하기 하지만 우리가 마지막 샌드위치 조각을 미처 입에 넣기도 전에 꼬리를 흔들면서 다시 달릴 준비를 한다. 스러져 가는 오후의 햇빛 속에서 줄을 매고 열심히 집으로 돌아가는 개들을 보면 마침내 초보 썰매꾼의 마음을 잘 이해하는 듯하다. 빨리 사우나에 들어가 쉬고 싶다는 생각에 돌아오는 길에는 목이 부러져도 좋을 정도로 속도를 내게 된다.

새벽의 온센 호수

ⓘ 여행정보

클로카에서 개썰매를 탈 수 있는 시기는 눈 상태에 따라 대략 12월 중순부터 4월말까지라고 할 수 있는데 날씨가 비교적 따뜻한 2월 이후가 가장 좋다. 클로카에서 제일 가까운 공항이 있는 곳은 125킬로미터 떨어진 외스테르순드 Östersund로, 스톡홀름에서 출발하는 스칸디나비아 항공 Scandinavian Airlines이 매일 수차례씩 운행되고 있다. 훌륭한 부티크 호텔인 클로카 피엘고르드는 개썰매뿐 아니라 스노모빌과 그 밖의 다른 레저활동을 지원하고 외스테르순도 공항으로 오고가는 차편도 마련하고 있다.

◀ 클로카 피엘고르드에서 바라본 온센 호수의 안개 가득한 새벽

애버리지니의 꿈을 엿보다

오스트레일리아 카카두

저 멀리 '신의 나라'로 일컬어지는 노던 테리토리 Northern Territory는 오스트레일리아에서 가장 사람의 발길이 닿지 않는 오지이자 오스트레일리아 최대규모의 카카두 Kakadu 국립공원이 있는 곳이다. 스위스와 비슷한 면적에 유네스코 세계유산지역 UNESCO World Heritage Area에도 포함되는 카카두 국립공원은 청정습지와 야생동물, 그리고 원주민 애버리지니의 고대 신화가 뒤섞여 흥분을 불러일으키는 곳이다. 오스트레일리아를 방문하고 싶다면 사륜구동차를 타고 장대한 카카두를 가로지르는 사파리 여행을 가장 먼저 체험해봐야 할 것이다.

카카두의 관목 서식지에 예배당 모양으로 쌓아올려진 흰개미 흙무더기   사륜구동차 없이는 카카두를 둘러보기 힘들다

　사우스 엘리게이터 South Alligator 강 유역에 자리한 카카두는 주도(州都) 다윈 Darwin에서 스튜어트 고속도로를 따라 남동쪽으로 2백 킬로미터 정도 가면 쉽게 도착할 수 있다. 이 공원에는 1,600종이 넘는 식물과 300종의 새, 발견된 것만 5,000여 곳에 이르는 애버리지니 바위그림 유적, 그리고 수많은 악어들 때문에 마치 공룡이 멸종되고 난 다음 시대로 시간을 거슬러 올라간 듯한 기분이 든다. 찾아가기는 쉽지만 과학기술로 무장된 오늘의 세계와 동떨어져 있다는 느낌이 솟구치는 곳이다.
　뛰어난 기반시설을 갖춘 카카두는 공원의 주요 도로를 따라 둘러볼 수 있는 곳이 많다. 그 중 아넘 랜드 Arnhem Land의 절벽에서 떨어져 나온 노우랜지 록 Nourlangie Rock의 화려

군와데와데 전망대에서 바라본 노우랜지 록

추위에 강한 소철류 식물

한 애버리지니 바위그림들은 놓칠 수 없다. 2만 년도 더 된 예술작품들은 꼭대기가 평평한 거대한 사암의 노두(露頭)인 노우랜지 록의 주변 동굴과 바위그늘 속에 있다. 노우랜지 록의 특이한 모습을 좀더 잘 감상하고 싶다면 표시된 길을 따라가다 군와데와데 전망대 Gunwardewarde Lookout를 찾으면 된다.

노우랜지 록에는 애버리지니의 꿈의 시대(오스트레일리아 원주민이 가리키는 천지창조의 시대)에 등장하는 주요 주인공들에 대한 이야기가 가득하며 인류 역사가 시작되던 때부터 1970년대 다시 그린 것에 이르기까지 다수의 미술작품들이 잘 보존되어 있다. 가장 중요하게 평가받는 유적은 돌출된 둥근 바위의 아랫부분을 감싸고 있는 안방방 유적 Anbangbang Gallery이다. 여기에는 천지창조 시대의 선조인 나몽족 Namondjok이 번개 인간으로 알려진 나마르곤 Namarrgon의 기괴하고 하얀 해골 형상과 함께 그려져 있다.

가기 쉬운 장소들도 이처럼 깊은 인상을 주긴 하지만 카카두의 진짜 보물을 찾으려면 비포장도로를 달릴 사륜구동차와 가이드가 필요하다. 길고 좁은 모래 길을 따라가야 나오는 마국 Maguk 또는 바라문디 협곡 Barramundi Gorge에서는 에뮤와 캥거루, 그리고 스타카토로 노래하는 쿠카부라 새 같은 이국적인 동물들을 볼 수 있다. 마국에 가기 위해 습하고 무더운 날씨를 참으며 오랜 시간 걷다 보면 전원풍의 연못들이 유혹적으로 느껴질 것이다. 설령 그 안에 악어들이 산다 해도 말이다.

어떤 지도나 안내서에도 거의 소개되지 않은 보석 같은 장소를 또 하나 소개하자면 2단 폭포가 흐르고 수영이 가능한, 낙원 같은 그레이브사이드 협곡 Graveside Gorge이 있다. 붉은 바위들로 벽처럼 둘러싸인 그곳은 서 있는 지느러미처럼 보이는 '예배당 모양'의 흰개미 흙무더기와 추위에 강한 소철류가 늘어선 아름다운 숲길을 거쳐야 갈 수 있다. 지구상에 닥쳤던 두 번의 대규모 멸종 위기에서 살아남은 이 식물들은 손바닥 모양의 단단한 잎이 달렸고 수명이 2,500여 년이 된다.

지금까지 땅 위로 카카두를 돌아봤다면 이 모험 여행을 만족스럽게 마무리할 수 있도록 보트를 타고 사우스 엘리게이터 강의 범람원(氾濫原)을 형

위험한 영혼 나불윈불윈 Nabulwinjbulwinj

잘 알려지지 않은 그레이브사이드 협곡은 수영을 하기에 딱 좋다. 하지만 악어를 조심해야 한다

오스트레일리아

성하는 옐로우 워터스 Yellow Waters 청정 습지로 가보자. 풀이 자란 지역에서는 흰꼬리수리와 검은머리황새, 그리고 까치기러기들이 꿈 같은 세계를 보여주고, 맹그로브 늪에서는 바다악어들이 그림자 밑으로 숨어 다닌다. 등이 비늘로 덮인 육식동물인 바다악어는 공룡 시대의 유물이다. 이들이 뿌연 물 밑으로 미끄러지듯 다가오면 보트가 제 아무리 커도 심장이 쿵쾅거리며 뛰게 된다. 여하튼 카카두에서는 눈이 휘둥그레질 만한 풍경들이 끝없이 펼쳐지며 자연이 주는 또다른 여행의 맛을 느낄 수 있다.

ⓘ 여행정보

다윈은 콴타스 항공 Qantas Airlines과 말레이시아 항공 Malaysian Airlines을 비롯한 여러 국제 항공사들이 취항하는 곳이다. 오스트레일리아 내에서는 콴타스와 버진 블루 Virgin Blue가 국내선을 운행한다. 더 많은 정보를 원한다면 오스트레일리아 관광청에서 운영하는 뛰어난 웹사이트(www.australia.com)를 검색해 보기 바란다. 카카두에도 호텔이 몇 군데 있지만 여행의 참맛을 느끼는 체험을 하려면, 공원 안에 편안한 텐트 야영장을 운영하는 다윈 소재 오디세이 사파리 Odyssey Safaris 같은 여행사를 선택하는 것이 좋다. 카카두에서 도보 여행을 할 때에는 뜨거운 날씨에 대비하여 물과 자외선 차단제를 넉넉하게 챙기기 바란다. 악어의 공격을 받는 경우는 드물지만 수영에 대한 구두 경고나 경고 표지판은 주의깊게 살펴봐야 한다. 일단 궁금한 점이 있으면 현지 공원 관리인의 조언을 구하라.

판다누스의 잎

판다누스의 열매

왕도마뱀

마국 협곡을 향해 걷는 모습 ▶

터키 이스탄불

동서양의 차이를 뛰어넘다

갈라타 다리는 골든 혼을 가로질러 술레마니에 사원으로 이어진다

미로 같은 그랜드 바자

곳곳에 첨탑이 솟아 있는 터키의 문화 수도 이스탄불은 동서양의 문화와 역사, 종교가 서로 잘 어우러진 곳이다. 아로마 제품과 향신료가 넘쳐나는 그랜드 바자 Grand Bazaar와 술탄아흐메트 Sultanahmet 부근의 빛나는 모스크 mosque에서부터 베요글루 Beyoglu의 세련된 현대식 가게에 이르기까지 유럽과 아시아가 강렬하게 융합된 풍경들을 보면 놀라움과 당황스러움을 느낀다. 그리고 그 간극을 뛰어넘다 보면 긴 주말이 금방 지나간다.

처음에는 비잔티움 Byzantium, 나중에는 콘스탄티노플 Constantinople, 그리고 지금은 이스탄불 Istanbul로 불리는 이 도시는 마르마라 Marmara 해에서 이어지는 골든 혼 Golden Horn 후미와 보스포루스 Bosporus 해협을 끼고 있다. 해협의 서편에는 유럽이, 동편에는 아시아가 위치한 덕분에 이스탄불은 오랜 세월에 걸쳐 위대한 문명들의 중심지가 되었다. 페르시아 · 비잔티움 · 로마 · 터키가 모두 이 도시를 차지하기 위해 싸웠고, 점령했으며, 이 도시를 통해 교

터키

역을 펼쳤다.

  1520년부터 46년간을 통치하며 '위대한 술레이만 Suleiman the Magnificent'으로 불린 오스만제국의 술탄은 모든 지배자와 황제 가운데 가장 큰 영향력을 행사했는데, 이스탄불의 웅장한 건축물 중 일부는 그의 명령으로 지어졌다. 그 중에서도 드넓은 지역에 걸쳐 있는 톱카프 궁전 Topkapi Palace은 이 여행의 가슴 설레는 출발지로 부족함이 없다. 하기아 소피아 Hagia Sophia 성당 옆에 있는 웅장한 황제의 문 Imperial Gate으로 들어가면 궁전은

술레마니에 사원에서 기도 준비를 하는 예배자들

보스포루스 해협과 마르마라 해가 내려다보이는 언덕으로 이어진다. 네 번째 궁정(宮庭)의 끝에 있는 세랄리오 포인트 Seraglio Point는 최고의 경치를 자랑하므로 후회하지 않을 것이다. 카페가 있는 메시디에 파빌리온 Mecidiye Pavilion도 줄을 서서 기다릴 만한 가치가 있다. 그 밖의 하이라이트로는 술탄의 부인들과 첩들이 살았던 하렘 Harem의 지하 타일 방들과 황실의 보물창고 Imperial Treasuary가 있다. 그리고 첫 번째 궁정의 내벽 주변에는 글이 새겨진 석판들이 서로 간격을 두고 놓여 있으니 그냥 지나치지 않도록 한다.

톱카프에서 보면 화려한 문양의 술탄아흐메트 광장Sultanahmet Square 정원들이 술탄아흐메트 사원Sultanahmet Mosque으로 이어지는데, 사원의 첨탑과 감각적인 모양의 돔은 눈이 번쩍 뜨이는 장관을 이룬다. 불빛이 희미한 이 성소(聖所)로 신발을 벗고 들어가면 그 즉시 정적이 밀려온다. 사원의 표면은 대부분 푸른 타일로 덮여 있어 푸른 사원Blue Mosque으로도 불린다. 오늘날에도 여전히 예배를 보기 때문에 기도 시간에는 시끄럽게 서성대지

하기아 소피아 박물관 톱카프 궁전

톱카프 궁전을 거닐다

톱카프 궁전의 모자이크

말고 게시된 규칙을 준수해야 한다.

이제 광장을 가로질러 무수한 타일로 덮인 비잔틴의 걸작, 하기아 소피아('성스러운 지혜'라는 뜻의 그리스)로 가보자. 바랜 붉은색 벽으로 이루어진 이 건물은 원래 교회였다가 사원으로 바뀌었고 지금은 박물관이다. 비잔티움의 황제 유스티니아누스Justinian의 지시로 532~537년 사이 콘스탄티노플의 새 교회당으로 급히 건축된 이곳은 한때 세계 최대 크기였던 돔을 자랑한다. 한낮에는 사람들이 북적이기 때문에 이른 아침에 방문하는 것이 좋다.

하기아 소피아의 서쪽에 위치한 그랜드 바자는 현대식 쇼핑몰의 시초가 되는 이국적인 이스탄불의 시장으로, 항아리와 냄비, 네온 라이터에서부터 공들여서 짠 킬림kilim 양탄자까지 없는 게 없다. 아치형 상가들이 거미줄처럼 복잡하게 얽혀 있는 그랜드 바자는 이스탄불이 지닌 풍요로운 교역의 역사가 축약된 살아 있는 교과서이다.

이곳을 지나면 전설적인 건축가 미마르 시난Mimar Sinan이 1557년에 지은 오스만제국의 보물 슐레마니에 사원Suleymaniye Mosque이 나타난다. 창문이 2백 개가 넘는 내부 전경은 이스탄불에 있는 인상적인 사원들 중에서도 가장 매력적이라고 평가받는다.

갈라타 다리Galata Bridge는 활기찬 노천 시장과 수많은 낚시꾼들의 본거지다. 주말이면 이스탄불 남자들이 골든 혼의 물고기를 몽땅 건져 올리려고 덤비기 때문에 다리 위에서는 좀처럼 빈자리를 찾을 수 없다. 다리 아래에는 평화로운 분위기의 해물요리 식당과 술집, 카페가 즐비해서 페리 보트들이 해변을 부지런히 오가는 모습을 보며 잠시 휴식을 취할 수 있다.

이 다리 건너편 베요글루의 하늘에 솟아 있는 14세기 갈라타 탑 Galata Tower은 이스탄불 여행을 마무리 하기에 완벽한 장소다. 계단과 승강기를 번갈아가며 꼭대기에 오르면 첨탑 위로 지는 황홀한 석양을 바라보면서 혼돈과 감상이 가득한 이스탄불을 느낄 수 있다. 이제 돌아갈 때의 모습은 처음과 같지 않을 것이다.

톱카프 궁전의 네 번째 궁정

ⓘ **여행정보**

이스탄불은 일년 내내 방문이 가능하지만 여름철엔 날씨가 덥다는 점을 염두에 두자. 주요 사원과 유적들은 이른 아침 시간이 조용하다. 그리고 언덕이 좀 많긴 하지만 대부분 걸어서 여행을 할 수 있다. 터키 항공 Turkish Airlines을 비롯한 많은 항공사들이 이스탄불로 가는 항공편을 하루 수차례씩 운행하고 있고, 이스탄불에는 온갖 취향과 예산을 충족시키는 숙박 시설들이 있다.

우뚝 솟은 첨탑들이 이스탄불의 하늘을 찌를 듯하다

열대우림과 산호초 탐험

벨리즈 챠 크리크

사방이 내려다보이는 챠 크리크의 스파

중앙아메리카의 평화로운 나라 벨리즈 Belize. 산으로 둘러싸인 챠 크리크 Chaa Creek 부근에 마야의 유적을 품고 있는 이 나라는 울창한 열대우림에서부터 조용한 아름다움을 지닌 카리브의 해안선에 이르기까지 여러 문화가 맛깔스럽게 뒤섞여 있을 뿐 아니라 도보여행에서 부터 카약, 스노쿨링까지 탐험을 위한 모든 여건이 갖추어진 곳이다.

과테말라, 그리고 멕시코와 국경을 접하면서 풍부한 마야의 유산을 나누어 가진 벨리즈는 주난투니치 Xunantunich, 카라콜 Caracol, 루바안툰 Lubaantun 같은 훌륭한 유적지를 보유하고 있다. 국토 중앙에 조성된 거대한 공원들은 재규어들이 어슬렁거리는 콕스콤유역 야생동물 보호구역 Cockscomb Basin Wildlife Santuary과 같은 것들인데, 코스타리카의 야생공원들과도 어깨를 견줄 만하다. 게다가 아름다운 해변도 빼놓을 수 없다. 셀 수 없을 만큼 많은 케이(낮은 모래섬들)들이 흩어져 있는 해변은 서반구에서 가장 긴 보초(堡礁)를 자랑하고, 그곳의 생활 모습은 카리브 해의 편안하고 느긋한 문화를 많이 닮아 있다. 한마디로 말해 벨리즈 같은 나라는 이 세상 어디에도 없을 것이다.

높은 곳에서 출발해 보자. 빽빽한 열대우림으로 둘러싸인 아름다운 스파 리조트,

◀ 카약을 타고 플라센시아 케이의 맹그로브 습지를 통과하는 모습

벨리즈

주난투니치의 엘 카스틸로

챠 크리크는 광대한 마운틴 파인 릿지 삼림 보호지역 Mountain Pine Ridge Forest Reserve의 북서쪽 귀퉁이를 흐르는 마칼 강Macal River 상류에 있다. 두루두루 연결된 숲길에 들어서면 거대한 야자 나뭇잎뿐 아니라 립스틱처럼 붉은 꽃과 밝은 초록색 잎이 달린 빨간 생강, 벨리즈의 국화(國花)인 가냘픈 듯 어여쁜 흑란(黑蘭)을 비롯한 수많은 이국의 식물들을 볼 수 있다. 열대우림들이 대개 그렇듯 야생동물을 발견하기란 쉬운 일이 아니지만 원색의 파란날개로 느린 날개짓을 하는 화려한 파랑몰포나비는 그냥 지나치기가 어렵다.

모판 강Mopán River의 지류인 마칼 강은 삼림보호지역의 남쪽 경계선을 이룬다. 마칼 강이 최종적으로 모판 강과 만나는 곳은 산 이그나시오San Ignacio인데, 이 합류 지점까지 카누나 카약을 타고 가면 오후가 즐거운 훌륭한 여행을 할 수 있다. 보통 때는 물살이 느려서 노를 저어본 경험이 없는 사람들도 충분히 탈 수 있다. 마칼 강은 민물수달과 물총새, 그리고 백로 같은 수많은 동물과 조류들의 서식처다.

여기서 챠 크리크로부터 멀지 않은 주난투니치(돌의 여인) 마야Mayan 유적지로 가려면 로프를 당겨서 움직이는 나룻배를 타고 모판 강을 건넌 다음 산 호세 수코츠San José Succotz 마을을 통과해야 한다. 이곳에 마야의 유적이 건설된

주난투니치의 엘 카스틸로에 새겨진 치장용 가면의 형상들 ▶

터틀 인의 비치 바에서 바라본 새벽 풍경

시기는 고대 후기인 AD 650~700년경이지만 누가 이곳을 다스렸는지에 대해서는 거의 알려진 바가 없다. 그러나 900년경 거대한 지진이 닥칠 때까지 이곳은 의식(儀式)을 치르는 중요한 장소였다. 가장 인기가 높은 유적은 주 광장 남쪽에 자리잡은 엘 카스틸로 El Castillo다. 높이가 40미터에 이르는 이 피라미드는 하늘을 찌를 듯 솟아 있고 전면에는 폭이 넓은 돌계단이 있다. 꼭대기까지 오르려면 웬만큼 수고가 필요하지만 주변의 삼림지역과 과테말라까지 내다보이는 경치는 수고를 충분히 보상할 만하다. 동쪽과 서쪽을 향한 피라미드의 측면에는 치장용 가면의 형상이 돋을새김되어 있다.

초록이 물결치는 아름다운 길 허밍버드 하이웨이 Hummingbird Highway를 따라 내려오다보면 수정처럼 맑은 물이 함몰지를 채우고 있는 블루 홀 국립공원 Blue Hole National Park과 콕스콤유역 야생동물 보호구역을 지나게 된다. 서든 하이웨이 Southern Highway를 따라 남쪽으로 더 내려가면 국수처럼 가늘지만 유려한 풍경의 해변이 늘어선 플라센시아 Placencia 반도에 이른다. 관대하기 그지없는 가리푸나 Garifuna 문화가 주류를 이루는 이곳은 반도의 한쪽 편에는 푸른 카리브 해가, 다른 편에는 커다란 산호초에 둘러싸인 짙은 바다가 숨쉬고 있다.

터틀 인 Turtle Inn은 플라센시아 마을에서 북쪽으로 멀지 않은 곳에 있다. 영화 〈지옥의 묵시록 Apocalypse Now〉의 감독 프랜시스 포드 코폴라 Francis Ford Coppola가 주인인 이곳은 발리 섬을 연상시키는 낙원 같은 곳으로, 문 바로 앞까지 카리브 해의 파도가 밀려온다. 저 멀리 있는 케이들 위로 해가 뜨고 산호초 위로 해가 지는 모습을 볼 수 있는 최적의 장소이다. 아무것도 하지 않고 쉬어도 괜찮지만 이 호텔에서 제공하는 바다 카약으로 작은 탐험을 떠나보는 것도 좋다. 플라센시아 케이는 힘들여 노를 젓지 않아도 쉽게 갈 수 있다. 그곳에는 공중에서 급강하하는 펠리컨들과 오싹한 기분이 드는 맹그로브 습지도 있다. 스노클링을 좋아하는 사람이라면 한적한 백사장과 옥색 바다가 펼쳐진 래핑 버드 케이 Laughing Bird Caye를 절대 잊지 못할 것이다. 하지만 터틀 인의 비치 바에서 기다리는 칵테일과 찬란한 노을을 생각하면 오랫동안 지체하기 어려울지도 모르겠다.

파랑몰포나비의 날개

ⓘ 여행정보

벨리즈는 정치적으로 매우 안정되어 있을 뿐만 아니라 여러 가지 면에서 이웃 중남미 국가들과 다른 점이 있다. 스페인어보다는 영어를 널리 사용하고, 대체적인 분위기는 라틴 쪽보다 카리브 해의 섬에 가깝다. 도로여건은 개선되고 있지만 주요 도로는 딱 3개뿐이다. 챠 크리크의 숙박시설은 짚으로 엮어 만든 아름다운 오두막과 별장들이다. 여기에는 사방이 내려다보이는 스파가 있고 카누 사용권도 포함되어 있다. 챠 크리크와 터틀 인 모두 에버크롬비 앤 켄트 Abercrombie & Kent 사를 통해 예약할 수 있다. 브리티시 항공 British Airways을 비롯한 여러 항공사들이 벨리즈 시티 Belize City에 취항중이다.

동틀 무렵의 터틀 인

프랑스 보르도
샤토, 그리고 와인 맛보기

샤토 펠롱 세구 Château Phelon Segur의 포도밭

복잡한 와인 제조 과정의 견학 장소로는 프랑스 와인의 문화적 고향이자 샤토 무통 로췰드 Château Mouton Rothschild나 샤토 마고 Château Margaux와 같이 전 세계가 추앙하는 와인 브랜드를 내놓는 보르도 Bordeaux 지방이 최고다. 보르도 지방과 그곳 양조장들을 둘러보는 방법은 여러 가지 있겠지만 멋스러운 샤토의 화려한 생활을 즐기며 와인 전문가의 안내를 받아 오래 묵은 포도주를 맛보는 것이 가장 기억에 남을 것이다.

보르도는 지롱드 Gironde 하구로 흘러드는 가론 Garonne 강과 도르도뉴 Dordogne 강 옆에 우아하게 자리 잡고 있다. 포도나무 밭이 끝없이 펼쳐진 보르도가 포도 재배에 관한 명성을 누리게 된 것은 그 지방의 토양과 지형, 그리고 고도 덕분이다. 널리 테루아 terroir라고 알려진 이런 특징들은 많은 사람들의 뜨거운 논쟁거리다. 프랑스의 남서부 지역 사람들은 2,000여 년에 이르는 포도 생산의 역사를 거치면서 그곳에 있는 밭 한 뙈기의 자갈과 모래, 그리고 점토가 다른 곳과 어떻게 다른지 알고 있다. 거기다가 샤토에 있는 최고의 와인 메이커들이 발휘하는 마술에 가까운 연금술이 더해져 탁월한 맛을 자랑하는 레드 와인과 화이트 와인, 디저트 와인이 만들어지는 것이다.

보르도 지방의 57개 지명 또는 와인 생산지 중에서 가장 잘 알려진 곳은 생테밀리옹 Saint-Emilion과 메독 Médoc일 것이다. 물론 마고 Margaux도 빠질 수 없다. 고전적인 멋을 간직한 이들 지역의 샤토는 아름다운 주랑(柱廊)과 세계적으로 유명한 레드 와인을 보유하고 있어 반드시 가봐야 한다.

◀ 가로수가 끝나는 곳에 샤토 마고의 대문이 보인다

포이약 지구의 샤토 피숑 롱그빌 바롱

　보르도 지방에서 와인을 생산하는 샤토는 7,000곳이 넘지만 잘 알려지지 않은 다른 곳들을 무시해서는 안 된다. 지롱드 하구 서쪽 기슭의 생 쥘리앙 베슈벨 Saint-Julien-Beychevelle에는 아름다운 레오빌 바통 샤토 Château Léoville-Barton가 있고, 포메롤 Pomerol 지구에 속한 동쪽의 가쟁 샤토 Château Gazin도 충분히 해볼 만하다. 동쪽에서 서쪽 하구로 건너가는 수단으로는 블라이 Blaye에서 출발하는 한가로운 페리보트가 최고다. 이곳 강가에는 나무로 지은 전통적인 낚시 오두막들이 수없이 늘어서서 독특한 원형 그물들을 활대에 매달아 놓고 있다.

　보르도의 화이트 와인이 우수하긴 하지만 이 지방은 특히 레드 와인으로 유명하다. 가장 많이 재배되는 포도는 카베르네 쇼비뇽 Cabernet Sauvignon과 멜로 Merlot인데, 전자는 포도의 생장력과 타닌 성분으로, 후자는 부드러운 맛으로 유명하다. 1855년 이래 메독에서 생산된 와인은 그랑 크루 Grand Cru라는 품질 표시로 분류하는데, 이는 최상의 선택이라는 뜻으로 크루 부르주아 Cru Bourgeois와 크루 아르티장 Cru Artisan이 그 뒤를 잇는다. 1961년산 같은 최상급 포도주는 한 병에 수천 파운드를 호가하지만 생산년도가 그보다 떨어지는 것은 가격도 조금씩 낮아진다. 꼬불꼬불한 자갈길이 매력인 생테밀리옹 같은 마을에는 수많은 와인 장수들이 포도주를 병이나 상자 단위로 저렴한 가격에 판매하고 있다.

 와인 맛보기 견학이 처음인 사람은 약간 당황스러울 수도 있으므로, 전문가의 안내를 받을 것을 적극 권한다. 하지만 와인을 음미하는 일은 과학이라기보다 예술에 가깝다. 와인을 맛볼 때는 색과 향, 그리고 맛의 중요성을 이해하는 것도 도움 되지만 자신의 취향이 더욱 중요하다. 그리고 가장 중요한 것은 스타일과 감각이다. 먼저 잔을 기울여 와인의 색깔을 살피고 와인을 돌려서 향을 맡은 다음 살짝 맛을 본다. 그리고는 원하는 만큼 홀짝이며 마시면 된다.

 낮 동안의 체험을 끝내고 저녁 시간을 잘 보내려면 지롱드 하구가 내려다보이는 포이약 Pauillac 지구의 피숑 롱그빌 바롱 샤토 Château Pichon-Longueville Baron 같은 웅장한 성에서 숙식을 해결하는 것이 가장 좋다. 쌍둥

새벽을 맞은 샤토 피숑 롱그빌 바롱 근처의 포도밭

프랑스

샤토 레오빌 바통 Château Léoville-Barton에서의 식사

이 탑이 있고 건물의 멋스러운 전면(前面)이 거울 같은 연못에 비치는 그곳은 낮에는 물론이고 투광(投光) 조명이 켜지는 밤에도 위엄 있는 자태를 뽐낸다. 그 지방은 개인 샤토들이 문호를 개방해 여행사들과 연결되어 있고, 인근의 코르데이앙 바쥬 샤토 Château Cordeillan-Bages 같은 곳은 정식 호텔로도 운영된다.

특별 요리가 나오는 식사 시간은 새로 습득한 지식을 되새기면서 소테른 Sauterne처럼 놀라울 만큼 부드럽고 달콤한 디저트 와인을 시음해볼 좋은

해질 무렵 투광 조명에 싸인 샤토 피숑 롱그빌 바롱

40

생테밀리옹에서 판매되는 훌륭한 와인들

기회다. 명칭이나 연도에 상관없이 그 와인 한 방울 한 방울에는 보르도 지방과 와인을 사랑하는 그곳 사람들의 독특한 정서가 녹아 있다.

ⓘ 여행정보

모든 샤토가 숙박이나 와인 제조시설에 대한 견학 기회를 제공하는 것은 아니므로 반드시 이러한 조건들을 (그리고 개방 시기도) 미리 확인해둘 필요가 있다. 영국에 기반을 둔 여행사 아블래스터 앤 클라크Arblaster & Clarke가 운용하는 여행 상품은 탁월한 와인 전문가의 안내를 제공하고 샤토 피숑 롱그빌 바롱 같은 개인 소유의 샤토를 숙박시설로 이용한다. 보르도의 국제공항은 와인을 만드는 지역에서 차로 멀지 않다.

포도주 저장소는 반드시 견학해봐야 한다.

세상에서 가장 짜릿한 급류 타기

잠비아 잠베지 강

어떤 내리막이든 하이라이트는 4급과 5급의 세찬 급류를 공략하는 것이다

세계 7대 자연의 경이라 불리는 빅토리아 폭포 Victoria Falls에서 물을 적시든, 아니면 지구상에서 가장 짜릿한 래프팅에 참여하든 잠베지 강 Zambezi River을 따라 가는 여정에는 스릴이 보장된다.

잠비아 북서쪽의 작은 샘에서 발원해 아프리카에서 네 번째로 큰 강줄기를 이루는 잠베지 강은 2,700킬로미터라는 장대한 길이를 흘러 6개국을 통과하고 인도양으로 빠져나간다. 그리고 그 과정에서 뚜렷한 진로를 형성하며 빅토리아 폭포라는 장관을 만들어낸다. 잠비아와 짐바브웨의 국경에 위치하고 폭이 2킬로미터인 이 폭포수는 100미터 이상 하얀 포말로 떨어지면서 바토카 협곡 Batoka Gorge, 래프팅의 낙원으로 흘러 들어간다.

기린, 코끼리, 하마, 악어, 그리고 온갖 종류의 새들이 서식하는 강 상류의 정적은 폭포가 가까워지면서 극적으로 깨지고 만다. 수량이 최고조일 때는 1분에 550,000입방미터라는 압

뱃머리 위로 터져 오르는 강물

43

잠비아

도적인 양의 폭포수가 천둥소리를 내며 쏟아지고 그 밑엔 흰 거품을 일으키는 무시무시한 급류가 생겨난다.

잠비아 쪽에서 폭포가 제일 잘 보이는 곳을 찾으려면 그물같이 얽힌 길을 따라 무시무시한 이름의 나이프 에지 다리 Knife Edge Bridge로 가는 것이 좋다. 소용돌이치는 물보라를 통과하는 오싹한 경험을 하고 강 하류의 섬에 도착하면 입이 다물어지지 않을 심연(深淵)을 볼 수 있다. 폭포수가 떨어져 협곡의 바위에 부딪히면 나선형을 그리는 물보라가 500미터 높이까지 치솟기도 한다. 70킬로미터 밖에서도 보인다는 이 놀라운 물기둥 때문에 빅토리아 폭포는 모시 오아 툰야 Mosi-oa-tunya(천둥소리를 내는 연기)라는 현지 이름을 얻게 되었다.

빅토리아 폭포만으로도 충분히 흥미롭지만 진짜 모험은 강의 하류에 있다고 할 수 있다. 롤러코스터 같은 물살과 커다란 낙차, 그리고 돌고 도는 소용돌이에 맞서는 재미에 매료되면 어떤 래프팅도 잠베지 강의 급류 타기와 비교할 수 없게 된다. 철에 따라서는 달랑 패들 하나에다 공기 주입식 보트를 타고 폭포 밑에서 오르내리다가 내리막 물길로 들어설 수 있을지도 모른다.

모든 래프팅에는 안전을 위한 카약 요원들이 따라 붙는다

차례로 이어지는 25군데의 급류는 전 세계에서 상업적으로 운영되는 급류 코스 가운데 가장 아슬아슬한 코스다. 이들 코스를 영국 카누 협회 British Canoe Union는 5급으로 분류했는데, '길고 격렬한 급류, 가파른 경사, 커다란 낙차, 그리고 압박 지역으로 인해 극히 어렵다'고 설명하고 있다. 이런 말을 들어도 아드레날린이 솟지 않는다면 몇 가지 급류 이름이 도움이 될지도 모르겠다. '끝을 보는 곳 Terminator' '망각 Oblivion', 그리고 '천국으로 가는 계단 Stairway to Heaven' 같은 별명들은 이 강에 발을 들여놓아서는 안 된다는 분명한 암시다. 순식간에 보트가 뒤집히고 노를 젓던 사람들은 협곡의 가장자리로 사정없이 떠밀릴 수 있다.

물론 꼭 경험이 있어야만 래프팅에 참여할 수 있는 건 아니다. 어떤 래프팅은 한나절이면 끝이 나기도 하고, 평화로운 하류 지역을 따라 카리바 호수 Lake Kariba 쪽으로 갈 때는 여러 날이 걸린다. 하지만 막다른 깊은 물에

초경량 항공기를 타고 빅토리아 폭포 위를 날면 장관을 볼 수 있다 ▶

빠질 염려는 필요없다. 자격을 갖춘 래프팅 가이드들이 출발 전에 철저한 훈련을 시키고 주의 사항도 알려주기 때문이다.

날카로워진 신경을 가라앉히거나 여행을 마친 뒤에도 충분한 에너지를 느끼고 싶다면 해질녘에 상류에서 운행하는 유람선을 타고 야생동물 사파리를 떠나볼 만하다. 강 상류에서 고요하고 느린 강물을 타고 가다보면 그 강물이 빅토리아 폭포를 통과한 뒤 얼마나 거칠어질지 상상하기 어렵다. 하지만 마음을 놓지는 말자. 가까운 곳에서 하마나 악어와 마주칠지도 모르니까. 잔잔한 강 위에서 와인을 홀짝거리는 것은 괜찮지만 수영을 하려는 생각은 바람직하지 못하다.

ⓘ 여행정보 ·····················

빅토리아 폭포의 수량(水量)은 일년 내내 다르다. 1월에는 저점에 다가갔다가 6월에는 최고조에 이르고 6월부터 12월까지는 다시 떨어지기 시작한다. 강의 수위도 급류 타기에 영향을 미친다. 수위가 낮은 시기에는 1번 급류부터 18번 급류까지 대략 24킬로미터를 탈 수 있고, 수위가 높은 시기에는 11번 급류부터 23번 급류까지 대략 18킬로미터만 탈 수 있다. 대부분의 관광객들은 잠비아와 짐바브웨의 국경 지대에 있는 리빙스톤Livingstone 마을에 거처를 정하지만, 정말로 여행을 만끽하고 싶다면 선 인터내셔널 Sun International이 소유한 전형적인 식민지풍의 호텔, 로얄 리빙스톤Royal Livingstone이 잠베지 강변에 자리 잡고 있음을 알아야 한다. 이곳은 천둥소리가 나는 폭포가 내려다보일 뿐 아니라 현장에 있는 호텔 전용 센터를 통해 모든 활동을 예약하고 조정할 수 있다.

힘들이지 않고 패들을 저을 수 있는 곳도 분명히 있다

능숙한 가이드들이 보트를 조종한다

◀ 잠베지 강 래프팅은 바토카 협곡에서 이뤄진다

사파리 비행

나미비아 해골해안

저 멀리 사람의 발길이 머물지 않는 나미비아 해골해안 Skeleton Coast은 사나운 파도가 끝없이 몰려오고 난파선의 잔해가 여기저기 흩어져 있는 위험하고 낯선 세계다. 이 황량한 사막 오지와 별천지처럼 산들로 뒤덮인 내지(內地)까지 전부 둘러보려면 소형 비행기에 몸을 싣는 사파리 비행만이 유일한 해결책이다.

1971년 국립공원으로 공식 지정된 이 좁다란 해안 사막지대는 30~40킬로미터의 폭에, 길이는 500킬로미터에 이른다. 또 북쪽으로는 앙골라 Angola와 쿠네네 강 Kunene River, 남쪽으로는 우가브 강 Ugab River에 맞닿아 있다. 광활하고 한적한 배후지는 나미브 사막 Namib Desert 의 '천둥소리' 사구(砂丘)와 황토색 의복을 입는 힘바 Himba 부족, 홍학, 타조, 사막 코끼리, 그리고 거대한 서식지를 이루는 바다사자들의 차지다.

나미비아와 앙골라 사이의 국경 근처에 있는 일천 사구의 골짜기

호아루시브 골짜기의 푸로스를 떠나는 새벽 비행

이곳은 의심할 여지 없이 아프리카에서 가장 호젓한 해안일 뿐만 아니라 세계에서 항해가 힘들기로 가장 악명 높은 곳 중의 하나다. 짙은 안개와 얕은 수심의 모래톱, 그리고 치명적인 해류는 불운한 배와 생물을 무수히 파멸시켜 이 힘난한 해변에서 최후를 맞게 했다. 수없이 흩어져 있는 예인선과 정기선의 녹슨 선체 주변에는 하얗게 바랜 고래와 인간의 뼈가 나뒹굴고 있어 오싹함마저 느껴진다.

나미비아의 수도 빈트후크 Windhoek에서 출발해 코마스 고지 Khomas Highland를 가로지르면 해골해안과 최초의 난파 현장 – 컨셉션 베이 Conception Bay에서 좌초된 증기선 에두아르트 볼렌 Eduard Bohlen 호가 있는 곳 – 이 모습을 드러낸다. 녹이 슨 잔해는 현재의 해안선에서 내륙 쪽으로 약간 들어간 지점의 모래 속에 부분적으로 묻혀 있다. 낮은 고도의 비행이

49

나미비아

호아루시브 골짜기의 힘바족 부락   케이프 크로스 근처 해변에 널려 있는 고래의 뼈

이어지는 케이프 크로스Cape Cross는 100만 마리가 넘는 바다사자들의 거대한 서식지다. 이 바다사자들은 하루에 500톤의 물고기를 먹어치우는 것으로 추정된다.

임시 활주로 위에 처음 착륙할 무렵이면 갑자기 배가 고파진다. 해변에서 먹는 사파리 비행의 점심은 그저 어디에 자리를 잡느냐가 문제다. 난파선 주위에는 과거 다이아몬드 채굴과 관련된 잔해가 남아 있어 점심시간이 다이아몬드를 찾아 해변을 뒤지는 열띤 순간으로 바뀌기도 한다.

다시 비행기에 올라 내륙 쪽으로 들어가면 우가브Ugab 지형 - 초승달 모양에 가까운 암흑색 융기 지층으로 콩고와 칼라하리Kalahari 플레이트의 충돌로 생겨났다 - 이 하얀 사막과 적나라한 대조를 이룬다. 여기서 오지로 더 들어가면 후아브Huab 골짜기에 첫 번째 캠프지인 쿠이다스Kuidas가 자리 잡고 있다. 이곳에서는 따뜻한 물이 나오는 샤워 시설과 안락한 침대,

코스요리, 그리고 벌판이 내려다보이는 아름다운 경치를 맛볼 수 있다.

주변 언덕과 동굴에는 한때 이곳을 스쳐간 산San족 부시맨들의 고대 바위그림들이 남아 있다. 사륜구동차를 타고 이 광활한 골짜기의 한가운데로 들어가면 후아브 강 Huab River 지형을 형성하는 놀라운 적색 화산암과 황색 사암도 볼 수 있다.

북쪽으로 비행을 계속하던 사파리 비행기는 '천둥소리를 내는' 사구 지역에 착륙한다. 이 사구들은 해안에서 약간 멀리 떨어진 지역에 좁은 띠 모양으로 펼쳐져 있는데 모래알의 크기가 임계치를 넘기 때문에 사람이 미끄러지면서 모래알에 닿기만 해도 우르릉거리는 커다란 소리가 난다. 그 소리가 어찌나 큰지 마치 2차 대전 당시의 폭격기 소리처럼 들릴 정도다.

호아루시브 골짜기의 사막 코끼리

호아루시브 골짜기의 비틀어진 나무

나미비아

북쪽으로 더 가다 보면 호아루시브 Hoarusib 골짜기의 푸른 오아시스 속 야자나무 아래에 다음 캠프지인 푸로스 Purros가 있다. 여기에서는 사막 코끼리를 보게 될 가능성이 크다. 뿐만 아니라 힘바족 부락을 방문하는 드문 기회까지 얻을 수 있는데 힘바족은 점토 벽돌로 지은 작은 오두막 마을에서 유일하게 전통 방식을 유지하며 살아간다.

푸로스를 떠나 앙골라 국경 쪽으로 향하면 '일천 사구의 골짜기 Valley of a Thousand Dunes'를 넘게 된다. 마지막 캠프지는 도도히 흘러가는 쿠네네 강이 내려다보이는 강변이다. 며칠 동안 모래를 뒤집어쓰고 살았으니 다시

해안선에 흩어진 잔해들

황토를 얼굴에 바른 힘바족 여인

일천 사구의 골짜기로 가는 도중에 바라본 장대한 광경

채굴장에 사용되었던 낡은 배

물을 만난 기쁨은 그 어디에도 비교할 수 없다. 악어가 몰려들어도 아랑곳하지 않을 정도로 말이다.

ⓘ 여행정보

이 지역에서는 자연 서식지 보호를 위한 조치들이 엄격하게 시행되고 있어 일반 관광객을 위한 당일 여행의 출입 허가는 해골해안 공원의 남부 지역, 즉 우가브문드Ugabmund와 테라스 만Terrace Bay 사이로 한정된다. 공원 면적의 70퍼센트를 차지하는 호아니브Hoanib와 쿠네네 강 사이의 북부 지역은 나 홀로 여행객들을 엄격히 제한한다. 해골해안 국립공원을 설치한 로우 슈만Louw Schoeman이 1977년에 설립하고 그 집안이 운영하는 스켈레톤 코스트 사파리Skeleton Coast Safaris는 이 독특한 사파리 비행에 대한 풍부한 지식과 기술, 그리고 통찰력을 보유하고 있다. 좀더 돌아볼 시간이 있다면 붉은 사구로 유명한 소수스플라이Sossusvlei를 놓쳐서는 안 된다. 와일더니스 사파리Wilderness Safaris는 사구에 쉽게 접근할 수 있는 지점에 다양한 고급 숙박시설을 마련해 놓고 있다. 나미비아로 취항하는 여러 곳의 항공사 중 나미비아 항공Air Namibia은 독일 프랑크푸르트Frankfurt를 경유한다.

영혼의 곰을 뒤따라가다

캐나다 프린세스 로열 아일랜드

이끼로 가득 뒤덮인 나무들과 굽이쳐 흐르는 강이 있는 캐나다 서해안의 프린세스 로열 아일랜드 Princess Royal Island. 신이 내린 낙원 같은 우림지역인 이곳은 영혼의 곰을 만나는 특권을 누릴 수 있는 세상에서 몇 안 되는 장소다. 영혼의 곰은 평범한 곰이 아니다. 그들은 흰색 털, 아니 좀더 정확히 말하면 샴페인색 털 – 열성 유전자의 결과다 – 을 갖고 있어 아주 특별한 존재로 보이는 한편, 키타수-샤이샤이스 퍼스트 네이션 Kitasoo-Xaixais First Nation 원주민들의 삶에 중요한 영적 존재로 자리잡고 있다.

클렘투의 키타수-샤이샤이스 공동주택 프린세스로열 아일랜드의 영혼의 곰

지구상에 남은 가장 큰 온대성 우림지역인 그레이트 베어 레인포리스트 Great Bear Rainforest에 속하는 프린세스 로열은 사람이 살지 않고 오래된 나무들만 있는 신비의 섬이다. 엘프나 픽시 같은 요정들과 〈반지의 제왕 Lord of the Rings〉에 나오는 세트들을 떠올려보면 어느 정도 머릿속으로 그림이 그려질 것이다. 이끼 가득한 오랜 나무들이 뒤엉켜 있는 이 땅을 둘러보는 데는 걷는 것 외에 다른 방법이 없다.

이 섬은 사람의 발길이 무척 뜸한데다 숲이 워낙 우거져 있기 때문에 제일 길을 잘 닦는 친구들을 따라가는 것이 좋다. 그 친구들은 바로 곰이다. 아니, 이것은 실수도 아니고 미친 짓도 아니다. 곰이 가까이 다가오는 것을 감시해 주는 전문 가이드만 있다면 괜

수상 비행기를 타고 클렘투 항에 최종적으로 접근하는 모습

찮다. 가이드는 키타수-샤이샤이스 원주민들에게 부탁하는 것이 좋다. 그들은 태어날 때부터 영혼에 새긴 것처럼 그 땅을 잘 알고 있을뿐더러 모든 사람이 보고 싶어하는 영혼의 곰, 더 정확하게는 커모드 Kermode 곰과 영적으로 연결되어 있다. 또한 이 원주민들은 신이 그들에게 황폐했던 빙하시대를 기억하게끔 곰을 흰색으로 칠했다고 믿고 있다.

프린세스 로열로 가는 여행의 본거지는 이웃해 있는 스윈들 아일랜드 Swindle Island의 클렘투 Klemtu다. 만약 수상 비행기나 페리만으로는 구미가 충분히 당기지 않는다면 클렘투 여행사 Klemtu Tourism가 제공하는 아늑한 노르웨이식 수상가옥을 숙소로 사용하는 것이 좋겠다. 지역사회가 소유하여 1996년부터 운영되어 온 클렘투 여행사는 영혼의 곰을 뒤따라갈 수 있도록 허용된 유일한 여행사다. 클렘투는 아주 훌륭한 공동주택이 있는 조그마한 마을이다. 최근에 건설된 이 마을은 퍼스트 네이션의 그림과 토템들로 꾸며진 키타수-샤이샤이스 사회의 자부심이다.

멸종 위기에 처한 영혼의 곰은 흑곰 및 회색곰과 더불어 그레이트 베어 레인포리스트에 400여 마리만 남은 상태다. 모든 곰들이 점점 위협적인 위치에 몰리는데다가 밀렵꾼들까지 활개를 치는 상황에서 곰을 뒤따라가는 여행의 장소를 정확히 밝히는 것은 불가능하다. 어쨌든 강에서 연어잡이에 몰두하는 흑곰을 폭포 건너 20미터 거리에서 가슴 두근거리며 지켜본다는 것은 분명 믿기지 않을 만큼 대단한 경험이다.

프린세스 로열 아일랜드의 구석구석으로 영혼의 곰을 찾아 나서는 탐험은 훨씬 흥미진진하다. 금방 잡아서 반쯤 뜯어먹은 연어를 숲길에서 발견하면 바로 앞 모퉁이만 돌거나 한 발짝만 더 앞으로 가도 샴페인색의 이 녀석과 마주치게 되리라는 생각이 든다. 하지만 부디 인내심을 갖고 운은 항상 따르는 게 아니라는 것을 받아들이자.

우리는 배를 타고 고래와 물개가 자주 나타나는 프린세스 로열 해협 Princess Royal Channel으로 가는 동안 가까운 해변에서 영혼의 곰 한 마리를 보았다. 아름답고 온순해보이던 그 곰은 돌무더기 해안을 느릿느릿 걸어 다니며 여기저기에 코를 킁킁거렸다. 영혼의 곰은 위엄이 느껴질 뿐 아니

프린세스로열 아일랜드에서 시내를 건너는 모습

클렘투 만에 있는 키타수-샤이샤이스의 기다란 보트

캐나다

클렘투의 공동주택에 그려진 퍼스트 네이션의 그림

라 분명 독특한 구석이 있었다. 그 곰이 연어가 몰려다니는 어느 강의 지류로 거슬러 올라가자 가이드는 고개를 끄덕여 배에서 내려도 좋다는 신호를 보내왔다. 멀리 갈 필요는 없었다. 쓰러진 나무 저편으로 몇 미터 떨어진 곳에서 갓 잡은 먹이를 뜯어먹는 영혼의 곰이 보였다. 우리가 보는 것을 알고도 놀라는 기색이 없던 그 곰은 마침내 이끼로 덮인 밝은 녹색의 숲 속으로 어슬렁거리며 들어갔다. 경탄과 흥분으로 숨죽였던 우리도 다시금 숨을 내쉬기 시작했다.

ⓘ 여행정보

많은 항공사들이 밴쿠버 Vancouver에 취항하고 있고 캐나디안 어페어 Canadian Affair는 영국에서 출발하는 전세기를 운행한다. 프린세스로열 아일랜드는 밴쿠버에서 북쪽으로 약 500킬로미터 떨어진 곳에 있는데 그곳은 키타수-샤이샤이스 영토에 속하기 때문에 허가 없이 단독으로 방문할 수 없다. 퍼스트 네이션이 소유한 클렘투 투어리즘은 가이드가 끝까지 동행하는 여행상품을 제공한다. 스윈들 아일랜드의 클렘투로 가려면 밴쿠버 아일랜드 Vancouver Island의 포트 하디 Port Hardy에서 며칠에 한 번씩 출발하는 비씨 페리 BC Ferries의 서비스를 이용하거나 퍼시픽 코스탈 항공 Pacific Coastal Airlines이 매일 운행하고 캠벨 아일랜드 Campbell Island의 벨라 벨라 Bella Bella에서 출발하는 수상 비행기를 이용하는 수밖에 없다. 해마다 9월에는 연어의 이동이 최고조에 달하기 때문에 곰들이 강을 따라 협곡으로 온다.

프린세스로열 아일랜드의 영혼의 곰

프린세스로열 아일랜드의 영혼의 곰 ▶

플라이 낚시와 위스키

스코틀랜드 인벌로키 캐슬

게리 강 하류의 플라이 낚시

스코틀랜드의 전통에 푹 빠져보고 싶다면 플라이 낚시 기술을 익히고 포트 윌리엄 Fort William 북쪽의 인벌로키 캐슬 Inverlochy Castle 같은 완벽한 은둔처에서 위스키를 맛보는 것이 최고다. 1873년에 이 성을 방문한 빅토리아 여왕은 일기에 쓰기를 "이보다 더 아름답고 낭만적인 곳은 본 적이 없다"고 했다. 미처 낚시도 해보지 않았는데 말이다.

스코틀랜드는 쉽게 정의내릴 수 있는 곳이 아니다. 변덕스러운 호수와 헐벗은 황야, 그리고 바위투성이 산들로 이루어진, 이 험하고 때로는 완고해보이기까지 하는 땅은 잠시 동안의 고요가 지나면 바로 눈앞에서 변신을 시작한다. 석양의 주홍빛이 산허리를 천천히 감싸면 마치 위스키가 강물이 되어 흐르는 것처럼 연어가 뛰어노는 강이 굽이치는

황금빛 길로 변한다.

　게리 강 Garry River처럼 물이 졸졸 흐르는 헤더 관목이 뒤덮인 강기슭에 낚싯대와 고리버들 망태만 달랑 들고 자리를 잡고 서 있으면 그 어떤 답답함도 회오리 웅덩이를 돌아나가는 강물마냥 서서히 떠내려가고 만다. 완벽한 메트로놈 리듬을 찾기 위해 줄을 풀었다 당겼다 하고 있으면 세상에 낚싯줄과 덩그러니 남은 듯 마음이 편안해진다. 플라이 낚시를 처음 해보는 사람은 낚시 안내인에게 기초적인 내용을 배우는 몇 시간 동안 매력에 푹빠져버릴지도 모른다. 낚시 안내인은 물고기를 유혹하기 위해 플라이를 완벽하게 던질 수 있는 기술을 가르쳐준다. 시간이 흐르면 이것은 단순한

아름다운 인벌로키 캐슬은 네비스 산맥의 자락에 있다

벤네비스 양조장의 위스키 통

재미에 그치지 않는다. 많은 사람에게 플라이 낚시는 하나의 예술이다.

스코틀랜드의 고지에는 낚시하기 좋은 한적한 장소가 많지만 글렌 게리 Glen Garry의 강과 호수도 어느 장소 못지않게 아름답다. 동에서 서로 흐르는 게리 강은 코이크 호 Loch Quoich의 수원(水源)에서 출발해 서쪽 끝 인버게리 Invergarry 마을이 있는 게리 호 Loch Garry로 흘러 들어간다. 이 골짜기는 글레오레이크 Gleouraich와 스피디언 미알라크 Spidean Mialach처럼 스코틀랜드 소나무가 빽빽한데다 해발 914미터의 먼로스 Munros 산맥으로 둘러싸여 있어 사람들의 발길이 뜸한 편이다.

스코틀랜드에는 전통적인 여인숙에서 개인 소유의 성(城)에 이르기까지, 낚시로 지친 긴 하루를 접고 편히 쉴 수 있는 여러 독특한 숙박시설들이 많다. 바위산을 배경으로 숲 뒤에 숨어 있는 인벌로키 캐슬 호텔은 귀족과 록스타들이 자주 찾는 곳이다. 지금은 폐허가 된 13세기의 성과 멀지 않은 그곳은 1863년에 어빙거 경 Lord Abinger이 건축하여 1969년까지 개인 주거지로 남아 있었다. 최근에 이곳을 다녀간 유명한 손님으로는 숀 코네리 Sean Connery와 엘튼 존 Elton John이 있다. 크고 널찍한 진입로가 끝나면 작은 탑이 있는 입구가 보이고, 그 뒤를 이어서 샹들리에가 달린 천장과 사냥에서 얻은 전리품들, 그리고 식당에서 맛보는 고급 요리가 즐거움을 선사한다. 아주 잠깐이지만 일족의 우두머리나 왕이 되었다고 상상해봐도 좋다.

호텔 주변은 스코틀랜드에서 가장 웅장한 산맥을 볼 수 있는 완벽한 위치이다. 벤네비스 Ben Nevis 산은 영국에서 가장 높은 봉우리로서, 정상(1343

◀ 게리 강 상류 수원지에서 낚싯줄을 던지는 모습

스코틀랜드

포트 윌리엄 근처 리니 호수 Loch Linnhe의 새벽   일몰 때 몰려온 게리 강의 폭풍우 구름

 미터)까지 오르는 등정은 도전해볼 만한 인기 있는 여행 코스다. 내려오는 길 역시 오르는 길만큼 아름답다.

 해발 900미터가 넘는 그 산의 북쪽 면에는 아주 중요한 수원지가 있다. 한참 아래에 있는 벤네비스 양조장 Ben Nevis Distillery이 끌어다 쓰는 이곳의 물은 세계적으로 널리 알려진 스코틀랜드의 술, 즉 위스키를 만드는 데 절대 중요한 요소이다. 좋은 위스키의 생산은 깨끗한 물에 달려 있는데 - 위스키라는 이름은 게일어 '어스퀴보 usquebaugh' 혹은 '생명의 물'에서 나왔다 - 벤네비스 산에서 나오는 질 좋은 술은 이 나라에서 가장 높은 수원지에서 나오는 것이다.

 스코틀랜드에는 100군데가 넘는 양조장이 있기 때문에 어디를 가든 술이 부족하지 않다. 이것이 바로 스코틀랜드의 고지에 빠져드는 또 하나의 중요한 이유다.

포트 윌리엄 주변 언덕에 눈이 내리는 모습

ⓘ **여행징보**

인벌로키 캐슬에서는 낚시 안내인을 추천해주기도 한다. 게리 강에서 낚시할 때는 일주일에 한 번씩 댐의 물을 방류하기 때문에 주의해야 한다. 한여름과 방학 기간에는 고지의 숙박시설에 예약이 빨리 마감되므로 서두르는 것이 좋다.

가을은 스코틀랜드의 소나무에 생명을 불어넣는다

낚시 안내인이 쓰는 전통색인 쓸라이 낚시 도구

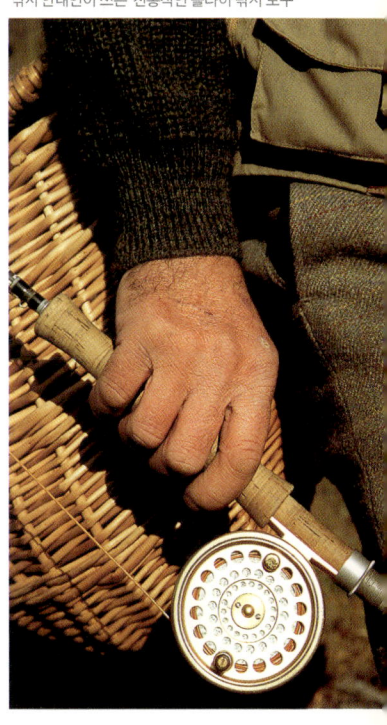

65

미국 모아브
아치 밑을 통과하는 도보 여행

북미의 전형적인 야외 휴양지 모아브 Moab는 유타 주의 상당 면적을 차지하는 콜로라도 고원 Colorado Plateau 깊숙한 곳에 자리 잡고 있다. 이곳은 깊은 협곡과 자연적으로 생겨난 바위 아치, 급류가 흐르는 강, 그리고 탑처럼 생긴 기묘한 사암들이 경쟁적으로 늘어선 사막 지역이다. 그리고 그 덕분에 별천지 같은 지형들을 쉽게 볼 수 있다. 어떤 형태의 여행도 좋지만 접근이 쉽고 전문적인 관리가 이루어지는 아치스 국립공원 Arches National Park을 도보로 돌아본다면 거대한 장관을 살펴볼 수 있는 가장 좋은 길이 될 것이다.

해질 무렵의 델리킷 아치 　　'창문 구역' 반대편의 '작은 탑 아치'를 둘러보는 여행자들

유타 주 동쪽 주(州)경계선 부근의 한적한 마을 모아브는 전 세계 산악자전거 동호인과 도보 여행자, 래프팅 동호인, 그리고 암벽 등반자들의 순례지다. 하지만 꼭 아드레날린 중독자라야 즐거움을 누릴 수 있는 곳은 아니다. 모아브는 아치스 국립공원뿐 아니라 좀더 까다로운 도보 여행지인 캐니언랜드 국립공원 Canyonlands National Park도 코앞에 있어서 활력 넘치는 야외활동을 즐기는 사람이라면 누구나 좋아할 만한 장소다.

　물과 얼음, 땅속의 염류 이동, 그리고 극단적인 온도변화로 인해 1억 년에 걸쳐 2천 개 이상의 절묘한 아치형 암석이 조성된 아치스 국립공원은 전 세계에서 자연적으로 형성된 아

미국

치형 암석의 밀도가 가장 높은 곳이다. 안내 센터에는 공원을 돌아보기에 가장 좋은 코스들을 알려주는 직원들이 있으므로 입장하기 전에 들르는 것이 좋다. 둘러보는 시간이 하루가 넘는 코스는 없고 길어야 한 시간 정도 걸리는 코스는 여러 개가 있다. 둘러볼 만한 길들이 많으므로 한꺼번에 전부 다 보겠다는 욕심은 버리자.

드라마가 펼쳐지기 시작하는 곳은 공원 내 74킬로미터에 이르는 포장도로의 첫 1.5킬

중력을 거부하는 '아슬아슬 바위'를 둘러보는 모습

로미터 지점에 있는 '법원 첨탑들 Courthouse Towers'이다. 오늘날 그곳에서 볼 수 있는 대부분의 암석들은 쥐라기(2억800만 년 전~1억4400만 년 전)때 퇴적된 연어 빛깔의 엔트라다 Entrada 사암이다. 황무지에 솟은 이 거대한 기둥들과 기념비 같은 사암 덩어리를 시작으로 인간을 초라해보이게 만들 광경들이 펼쳐진다.

포장도로를 타고 라살 산맥 La Sal Mountains을 향해 물결모양으로 뻗어 나가는 석화 사구의 바다를 지나면 중력을 거부하는 모양새를 지닌 '아슬아슬 바위 Balanced Rock'가 보인다. 좁은 밑동 위에 위태롭게 얹혀진 39미터 높이의 거대한 둥글 바위는 훅 불기만

북쪽 창문의 아치를 통해 바라본 광경 ▶

아치스 국립공원을 달리는 자동차

울프 목장 근처에 있는 우트족 인디언의 암면조각

해도 곧장 아래로 떨어질 것처럼 위태해 보여서 바위 주위를 도는 550미터의 도보 코스를 편안하게 걷는 것이 사실상 불가능하다.

많은 사람들이 찾는 장소로는 '창문 구역 Windows Section'이 있다. 거인이 쓰는 눈가리개 가면의 구멍처럼 보이는 북쪽 창문 North Window과 남쪽 창문 South Window의 장년기 아치는 높이가 15~18미터, 너비가 약 30미터이다. 그 반대편에는 특이한 모양의 '작은 탑 아치 Turret Arch'가 있다. 이상한 모양으로 지표면에 혼자 돌출된 바위 - 물론 작은 탑이 있는 - 가 침식되면서 생겨난 높은 아치는 천천히 둘러보도록 하자.

좀더 북쪽에는 가장 도전적인 코스가 있는데, 델리킷 아치 Delicate Arch와 '악마의 정원 Devil's Garden'이라는 총칭의 미궁 같은 5킬로미터 도보 코스가 바로 그것이다. 길이 93미터의 랜드스케이프 아치 Landscape Arch가 볼거리인 악마의 정원은 적어도 한나절 넘게 즐거움을 준다. 힘이 들긴 해도 '태고의 고리 Primitive Loop'를 선택한다면 하루 종일 즐거움을 느끼게 될 것이다. 이 길은 겹겹이 쌓인 돌무더기가 특징이다.

이 공원에서 단 하나의 길만 고른다면 델리킷 아치로 가는 것이 좋다. 길 머리에서 만나는 버려진 울프 Wolfe 목장은 남북전쟁의 퇴역군인 존 웨슬리 울프 John Wesley Wolfe가 19세기 후반에 그 지역에 정착하려고 시도했던 흔적이다. 목장 뒤로 잠깐 올라가면 우트족 Ute 인디언들이 새긴 바위그림이 있으니 놓치지 말기 바란다. 목장 너머로 가는 길은 협곡을 따라 구불

구불 이어지고 완만한 바위 사면을 오르면 좁은 암붕(岩棚)이 나온다.

그리고 어느 순간, 델리킷 아치가 절묘하게 얹혀진 깊고 아찔한 골짜기가 그 가장자리의 모습을 드러낸다. 제아무리 헨리 무어 Henry Moore 같은 조각가라 할지라도 그와 같은 규모로 우아한 물결 모양을 조각하기는 쉽지 않을 것이다. 이제 긴장을 풀고 화려한 굴곡과 협곡, 구름다리가 어우러진 이 특별한 풍경 너머로 해 저무는 풍경을 지켜보자.

ⓘ **여행정보**

날씨가 매우 뜨거워질 수 있으니 가까운 도보길을 가더라도 마실 물을 꼭 가져가도록 하자. 아치스 국립공원 안에 기본 캠핑 시설이 있긴 하지만 모아브가 가까우므로 편안하게 밤을 보낼 수 있다. 캐니언랜드 국립공원을 공중에서 보고 싶으면 짜릿하고 시야가 넓은 비행기 편을 선택하는 것이 좋다. 슬릭락 에어 가이드 SlickRock Air Guides 사는 191번 고속도로와 연결된, 모아브 북쪽 약 27킬로미터 지점의 캐니언랜드 공항을 통해 비행기 편을 운행한다.

사암층을 따라 델리킷 아치로 올라가는 모습

아치스 국립공원의 입구에 있는 '법원 첨탑들'

몽골 켄티

전사의 삶을 맛보다

몽골은 그 이름만으로도 야성을 품은 땅과 사람들, 야생마의 매혹적이고 마술적인 이미지들이 떠오르는 곳이다. 낙타와 야크, 그리고 유목민들이 광활한 초원을 자유롭게 돌아다니는 이 아름다운 나라의 풍경은 다른 어떤 곳에서도 찾아볼 수 없다. 지금은 러시아와 중국 사이에 끼어 있지만 13세기의 몽골은 역사상 가장 크고 위대한 제국이었다.

강인한 몽골인들이 칭기즈 칸 Chinngis Khaan의 지휘 아래 어떻게 세계 최강의 나라를 세웠는지 알아보려면 울란바토르 Ulaan Baatar 북서쪽에 자리한 켄티 산맥 Khentii Mountains에서 전사의 삶을 체험해 보는 것이 가장 좋다.

'칭기즈 칸 전사 훈련'이라는 공식 명칭이 붙어 있지만 이 모험을 10일짜리 군사훈련으로 생각할 필요는 없다. 훈련을 마칠 때까지 하는 활동은 활 만들기처럼 대대로 내려오는 기

활 만들기와 쏘기로 유명한 바트문크 선생

켄티 산맥에서 오후에 말을 타는 모습

올가미 줄을 들고 몽골의 말 떼를 모는 모습

술들을 섭렵하는 일이다. 이러한 기술은 몽골 전역에 7명밖에 없는 조궁장(造弓匠)인 바트문크 Batmunkh 같은 전설적인 인물들에게 배울 수 있다. 배우게 될 내용은 전통주 증류법에다 활쏘기, 말떼몰기, 올가미던지기 기술, 그리고 몽골의 유명한 장군들이 사용했던 전술과 야영기술이다. 진짜 몽골 유목민처럼 게르 ger(전통적인 펠트 천막)에서 생활하면서 말 등에 앉아 넓은 초원과 가슴 설레는 켄티 산맥을 가로지르다보면 이것이 희귀한 특권이라는 생각이 든다. 이곳에는 레스토랑도 좌변기도, 그리고 텔레비전도 없다. 생활은 금방 단순해지지만 그 기분은 놀라운 것이다.

열병식(閱兵式)은 '몽골 푸른 하늘 신'의 축복을 받으며 몽골의 풍경 속을 내달리는 마지막 말타기다. 푸른 하늘 신은 전사들이 가장 귀하게 여기는 신이다.

몽골

말은 수세기 동안 몽골인의 삶에서 중추 역할을 해왔다. 몽골어에는 다른 어떤 것보다 이 동물을 가리키는 단어들이 많으며, 심지어 몽골인들은 암말의 젖을 섞은, 짜고도 신맛이 나는 발효 음료를 마신다. 사실 말은 칭기즈 칸 군대의 중추로서 전쟁에서 속도와 기습 능력을 높여주었다. 칭기

전통적인 게르의 굴뚝과 지붕

게르 캠프에 세워진 칭기즈 칸의 나무 인형

즈 칸의 명령전달 체계 역시 말에 의존했다. 전령들은 건강한 말을 항시 대기시켜 놓은 전초기지의 연결망을 따라 광대한 거리를 내달리곤 했다.

퇴각을 가장해 전속력으로 달리면서 뒤로 화살을 쏘는 칭기즈 병사들의 말타기 기술은 전설로 남았고, 오늘날의 궁술은 나담 Naadam 축제와 같은 연례행사에서 벌어지는 '3가지 남성 스포츠' – 나머지 2개의 전통적인 국기는 씨름과 말타기 경주다 – 가운데 하나이다.

몽골의 말을 직접 다뤄보고 이해하고 싶다면 몽골인 기수보다 더 훌륭한

조궁장 바트문크가 메고 있는 전통(箭筒)과 손으로 만든 활 ▶

몽골의 초원에 내리는 땅거미

스승은 없다. 몽골인들은 아마도 세계에서 가장 천부적인 재능을 지닌 기수들일 것이다. 몽골인에게는 용감무쌍함과 낙천적인 정신, 그리고 말만큼이나 거친 저돌성이 느껴진다. 몽골에서 위대한 기수가 된다는 것은 위대한 사람이 된다는 뜻이다.

전사 훈련은 전적인 헌신을 요하기 때문에 의복까지 신경 써야 한다. 몽골인들은 우리가 평상복을 입고 말을 타면 말이 듣기에 불편한 소리가 난다고 한다. 그래서 몽골의 말을 타려면 먼저 몽골인처럼 입어야 한다.

아직도 많은 사람들이 입는 전통 옷은 델del〔안에 솜을 넣은 긴 가운〕 – 하우스코트나 드레싱 가운과 비슷하다 – 이다. 남자 옷은 펠트 천을 사용하고 여자는 비단을 쓴다. 비단 허리띠를 매고 가죽 부츠를 신는다. 불교를 믿는 몽골인이 볼 때 위로 들린 부츠의 코는 불필요하게 벌레를 죽이는 것을 막아준다. 옷 입을 때 난처한 웃음이 나오는 첫 단계만 지나면 몸이 얼마나 따뜻하고 편안해지는지 모른다. 이제 유목민으로의 변신이 시작되었다.

전사 훈련은 모든 면에서 진정한 모험이지만 몽골의 씨름 기술을 활용해 보려 하지 않는 이상 누군가와 싸울 일은 없을 것이다. 이 독특하고 진기한 체험 여행은 칭기즈 칸의 힘을 느끼게 한다.

ⓘ 여행정보 ··

울란바토르로 날아가는 국제 항공노선은 선택의 폭이 매우 작다. 차이나 항공Air China과 몽골 항공MIAT, 그리고 러시아의 국제항공사 에어로플롯Aeroflot만이 항공편을 운행하고 있다. 시간이 넉넉하다면 칭기즈 칸 전사 체험 여행을 혼자 힘으로 계획할 수 있겠지만 울란바토르 소재의 노마드 투어 앤 엑스페디션Nomads Tours and Expeditions 같은 전문 여행사를 활용하는 편이 수월하다.

켄티 산맥의 일몰 속을 달리는 모습

'잃어버린 세계'의 강으로

베네수엘라 앙헬 폭포

1498년 베네수엘라의 해안선을 본 크리스토퍼 콜럼버스 Christopher Columbus는 그곳을 '지상 낙원'이라 불렀다. 그가 만일 내륙으로 들어가 베네수엘라의 자연이 낳은 최고의 보물, 세계에서 가장 높은 앙헬 폭포 Salto Angel를 봤다면 뭐라고 했을까. 어쩌면 훨씬 일찍부터 말문을 닫았을지도 모르겠다. 정글의 바다에 떠 있는 평평한 산봉우리들이 만들어낸 '잃어버린 세계'의 군도(群島), 그 사이를 흐르는 카라오 강 Carrao River을 따라 앙헬 폭포에 이르는 길은 남아메리카 오지의 강을 따라가는 여행 중 최고일 것이다.

힘차게 쏟아지는 사포 폭포 안에는 바위를 깎아 만든 보행로가 있다

　베네수엘라의 동남쪽 구석 깊숙한 곳에는 그란 사바나 Gran Sabana 지역이 있는데, 그곳의 카나이마 국립공원 Parque Nacional Canaima에 자리한 기묘한 바위섬들 또는 테이퓌스 tepuís는 아서 코넌 도일 경 Sir Arthur Conan Doyle의 1912년 소설 『잃어버린 세계 The Lost World』에 영감을 주었다. 인간의 접근이 어려운 그곳에서 공룡과 익수룡이 발견될 수도 있다는 이 이야기는 후에 스티븐 스필버그 Steven Spielberg 감독이 만든 영화 〈쥐라기 공원 Jurassic Park〉의 밑바탕이 되었다.

　베네수엘라의 수도 카라카스 Caracas에서 그란 사바나로 가려면 먼저 시우다드 볼리바르 Ciudad Bolívar로 가야 한다. 그리고 4인승 경비행기나 비행의 황금시대로부터 곧장 날아온 듯 낡은 DC-9 은색 쌍발기를 타고 남쪽으로 향하는 즐거운 모험을 시작한다. 앙헬 폭포로 가는 여행의 본거지이며 페몬 인디언들이 사는 작은 마을, 카나이마가 가까

베네수엘라

워지면 간간히 흩어져 있는 구름 위로 테이퓌스가 그 정상을 드러낸다.

폭포를 향해 상류로 출발하기 전에 잠시 보트를 타고 나가 사포 폭포Salto Sapo가 있는 곳으로 꼭 가보기 바란다. 그 폭포는 비행기에서 보게 될 카나이마 호수Laguna Canaima 위의 7개 폭포 가운데 하나다. 폭이 100미터가 넘고 높이가 20미터에 이르는 황갈색의 폭포는 그 자체로도 장관이지만 진짜 볼거리는 안쪽에 있다. 폭포수 안쪽에는 바위를 깎아 만든, 말 그대로 넋이 나갈 만한 작은 통로가 있다. 토마스 베르날Tomás Bernal이라는 은둔자

카라오 강의 페몬 인디언 가이드들

구름 위로 솟아 있는 아우얀 테이퓌

가 만든 그 길을 통과하려면 수영복과 공기를 빨아들이는 거대한 폭포수의 힘을 체험하고자 하는 큰 용기가 필요하다.

앙헬 폭포는 하루 안에 갔다가 돌아올 수 있지만 그렇게 급하게 움직이기보다는 시간이 허락한다면 이틀이나 사흘 정도로 일정을 잡는 게 좋다. 아우얀 테이퓌Auyan Tepuí 근처 한 시골 캠프의 그물침대에서 보내는 밤은 탐험의 기분을 무한히 더해줄 것이다.

폭포로 가는 보트는 경험 많은 페몬 인디언 가이드들이 조종한다. 좁은 폭에 모터가 달린 보트가 카라오 강의 세찬 물살을 가르면, 정글에 둘러싸여 굽이굽이 도는 강은 우리의 방향 감각을 흐리게 한다. '새로운' 테이퓌

가 나타났다 사라지는 것처럼 보이지만 대부분이 하나의 테이퓌라는 사실이 분명해진다. 바로 아우얀 테이퓌다. 중세의 거대한 요새처럼 나무숲 위로 높이 솟아서 키 큰 돌기둥들이 탑처럼 붙어 있는 그곳은 금단의 지역이다. '지옥의 산'이라는 의미의 이름처럼 페몬 인디언들에게는 숭배와 두려움의 대상이다. 인디언들은 그곳에 트라만치타 Tramán-chitá 신과 마라위톤 marawitón(악령들)이 산다고 믿는다.

만약 코넌 도일이 공룡을 찾으러 갔다면 아우얀 테이퓌의 정상에서 고

카라오 강의 보트

생 꽤나 했을 것이다. 700평방킬로미터의 어마어마한 면적은 워싱턴 시 Washington DC의 네 배에 달한다. 앙헬 폭포는 807미터 높이의 고원에서 춤추는 물보라를 일으키고 미세한 안개를 만들면서 장엄하게 시작된다.

1935년, 이 자연의 경이에 대한 보고서를 바깥 세상에 처음으로 전해준 이는 미주리 태생의 모험가이자 파일럿이며 황금 시굴자이기도 했던 지미 앤젤 Jimmy Angel이었다. 그는 2년 후 자신의 비행기 리오 카로니 Río Caroni를 타고 아우얀 테이퓌 정상에 의도적으로 불시착한 뒤 11일에 걸쳐 그 위험한 절벽을 내려오는 길을 찾아냈다. 그리고 그 곡예로 말미암아 그의 이름이 폭포에 붙게 되었다.

81

사포 폭포는 카나이마 호수로 흘러 들어간다

캠프의 그물침대

　강에서도 앙헬 폭포가 보이긴 하지만 기슭 쪽으로 잠시 걸어 들어가면 훨씬 더 잘 보인다. 목을 길게 뽑고 하늘을 보자. 그 다음엔 세상에서 가장 높은 폭포를 보면서 붉은 빛의 바위 절벽을 타고 떨어지는 물줄기를 경이에 찬 눈으로 지켜보면 된다.

ⓘ **여행정보**

앙헬 폭포로 가는 보트 여행은 보통 5~11월 사이 - 강의 수위가 높은 우기 - 이지만 비가 오는 날이 늘어나면 기간이 연장되기도 한다. 카나이마와 시우다드 볼리바르에서는 루타카 Rutaca와 LTA 항공 같은 여러 항공사들이 폭포를 둘러보는 비행기 편을 제공한다. 세르비벤사 항공 National Airline Servivensa은 캄파멘토 카나이마 Campamento Canaima 숙소에서 편안하게 머물 수 있는 카라카스에서 카나이마까지 가는 패키지 여행 상품을 제공한다. 시우다드 볼리바르와 카나이마의 여행사들은 더 좋은 조건을 제시하기도 한다.

히말라야 모험

네팔 안나푸르나

물살이 빠른 강 위에 걸쳐진 허름한 밧줄 다리

전 세계에서 산악 트래킹에 관한 상을 받을 나라 하나를 뽑는다면 그 영예는 분명 네팔에게 돌아갈 것이다. 국토의 4/5가 거대한 히말라야Himalaya 산맥과 그 기슭의 작은 산들로 이루어진 네팔은 무궁무진한 트래킹 기회와 더할 수 없는 만족감을 준다. 코스에 대한 선택은 개인의 자유지만 다양한 지형과 합리적인 시간 계획, 그리고 잘 보존된 문화적 풍부함을 느끼고 싶다면 사람들의 방문이 적은, 안나푸르나 보호구역 Annapurna Sanctuary의 시클리스Siklis로 가는 6~7일짜리 트래킹 코스를 추천한다.

시장을 향해 걸어가는 네팔 고산족 여인

네팔 서부에 위치한 안나푸르나 지역은 많은 사람들이 찾는 안나푸르나 일주 코스Annapurna Circuit의 본거지다. 하지만 대단한 인기를 끄는 이 11일짜리 티하우스tea-house 코스를 시클리스 코스와 혼동해서는 안 된다. 6일 간의 모험이 펼쳐지는 시클리스 코스는 안나푸르나 보존지역 프로젝트Annapurna Conservation Area Project의 보호를 받는 안나푸르나 보호구역의 일부로서, 1990년대 후반까지는 여행자들에

◀ 마차푸차르로 향하는 길의 짐꾼들

네팔

마차푸차르의 장관을 배경으로 서 있는 산 위의 사당

게 개방되지 않았다. 이 코스에서는 티하우스를 이용하지 않고 야영을 하기 때문에 더 멀리 떨어진 지역까지 접근이 가능하다.

시클리스로 가는 여행에서 가장 각광받는 곳은 단연 마차푸차르 Machhapuchhare 나 '물고기 꼬리 산'의 성스러운 봉우리다. 6,997미터의 높이는 8,000미터를 훌쩍 넘는 네팔의 대형 봉우리들에 비할 바가 못 되지만 가장 성스러운 산으로 여겨진다. 사실 너무나 성스러운 나머지 등반이 금지될 정도다. 일정한 각도에서 보면 정상의 쌍둥이 암석은 위로 쳐든 물고기 꼬리를 닮았다.

길이 시작되는 것은 급하게 흐르는 세티 강 Seti River의 동쪽 기슭에 걸쳐진, 흔들리는 대나무 다리를 건너면서부터다. 그 다음에는 가촉 Ghachok이라는 조그마한 마을까지 지그재그로 올라가는데, 마차푸차르의 허리가 황혼에 붉게 물드는 동안 그 밑에 야영지를 마련하기에 이상적인 장소다. 해가 지면 계곡의 온도가 금방 떨어지므로 몸을 따뜻하게 하려면 풍성한 3

높은 고도의 시클리스 야영지에서 바라본 람중 산괴(山塊) ▶

시클리스에서 마디 강으로 내려가는 길

품 요리 식사인 아 라 트렉à la treck이 꼭 필요하다.

달라진 고도 때문에 잠을 설치고 나면 요리사가 일상적으로 보내오는 따뜻한 차 한 잔이 동도 트기 전에 잠을 깨운 무례함을 잊게 해준다. 이른 출발은 히말라야 모험 여행의 일부다. 일찍 기상해야 하는 또 다른 목적은 네팔에서만 볼 수 있는 극적인 해돋이에 있다.

천천히 위로 올라가는 길에서 유목민 양치기들과 어마어마한 양의 장작 더미를 나르는 여자들을 마주 치기도 하고 신이 난 원숭이 떼들을 가끔 지나치기도 한다. 차우르Chaur 마을과 갈레가온Ghalegaon 마을의 구불구불한 자갈길을 통과할 때는 겸손한 태도로 일하는 구룽족Gurung 사람들과 만나게 된다. 원시적인 농업으로 가난하게 살아가는 그들의 생활을 실질적으로 도와주는 것은 영국군 소속의 전설적인 구르카Gurkha 연대에서 복무하는 용병들이다.

며칠 동안 힘들게 올라가 일정한 높이에 도달하면 진달래과의 꽃나무 가지들 사이로 마차푸차르가 보이는 아름다운 숲을 가로지르게 된다. 마침내 탁 트인 경사지를 지나 시클리스에 이른다. 해발 1,980미터로 그리 높다고 할 수 없지만 6,986미터에 이르는 람중 히말Lamjung Himal 산과 마(魔)

의 8,000미터에 63미터 모자라는 안나푸르나 제2봉 Annapurna II이 만들어내는 산마루 배경은 경외심을 불러일으킨다. 이 트래킹이 에베레스트 산 Mount Everest을 오르는 여행은 결코 아니지만 히말라야에 와 있다는 흥분만은 같은 수준이다.

빙하의 푸른 급류가 흐르는 마디 강 Madi River을 따라 내려오는 길은 그야말로 장관이다. 강이 통과하는 마을에서는 지친 여행자들에게 힘을 북돋워주는 싱싱한 귤과 라씨 Lhassi〔들소 요구르트〕를 판다. 돌로 지은 오래된 마을 바고와티타르 Bhagowatitar에서의 야영 준비는 요리사가 만든 케이크에다 노래와 춤이 곁들여진 마지막 밤의 파티를 예고한다. 눈 덮인 높은 산이 있는 네팔에 가면 등반가가 아니더라도 안나푸르나 보호구역에서 즐거움을 느끼며 히말라야의 매력에 빠져볼 수 있다.

ⓘ 여행정보

네팔 여행상품을 제공하는 여행사들은 한둘이 아니지만 그 운영 방식에는 차이가 있을 수 있다. 전설적인 히말라야 등반가 더그 스콧 Doug Scott이 운영하는 스페셜리스트 트래킹 Specialist Trekking 같은 일부 회사들은 그 수익을 네팔의 지역사회에 환원하고 있다. 모택동주의자들의 반란이 네팔의 관광산업에 계속해서 악영향을 끼치고 있지만 지금까지 반란군들이 관광객을 목표로 삼은 적은 거의 없다. 하지만 예약을 하기 전에 영국 외무연방성 Foreign and Commonwealth Office을 통해 현지사정을 확인하는 것이 좋겠다.

집으로 돌아가는 가촉 마을의 여학생들   어린 아들을 업은 네팔의 고산족 여인

아이다 관람

이탈리아 베로나

넘치는 박력과 풍부한 드라마, 그리고 강렬한 분위기의 오페라 〈아이다 Aida〉는 오페라광(狂)이 아니라도 결코 놓쳐서 안 되는 공연이다. 더구나 세계에서 가장 오래된 로마 유적지에서 열리는 공연이라면 말이다. 색과 빛, 그리고 소리가 어우러진 화려함의 극치를 보여주는 이 공연이 고대 이탈리아의 도시 베로나 Verona의 중심부에 야외 원형극장 아레나 Arena에서도 열린다. 오페라를 평생에 단 한 번만 봐야 한다면 그 장소는 바로 이곳이라야 한다.

아레나 극장에서 공연되는 웅장한 규모의 〈아이다〉

브라 광장의 카푸치노 커피

관객은 정교한 디테일이 돋보이는 최고의 이야기 의식(儀式)을 경험한다. 기본 플롯은 소년이 소녀를 만나지만 행복한 결말은 맺지 못한다는 아주 오래되고 단순한 이야기다. 이집트를 표현하는 세트는 마치 여행 중에 또 하나의 여행을 온 듯한 느낌을 준다. 하루치 휴가비로 이틀을 쉬는 기분이랄까. 육중한 황금빛 피라미드와 거대한 스핑크스가 무대장치로 등장하는가 하면 수천 명의 배우들이 파라오의 전성시대를 재현한다.

이탈리아

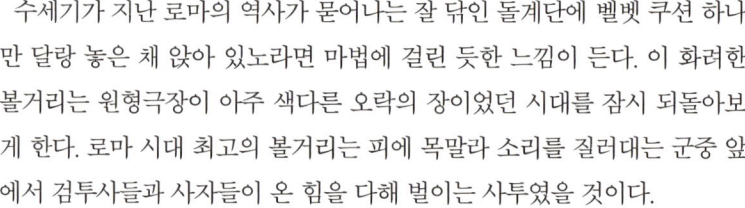

수세기가 지난 로마의 역사가 묻어나는 잘 닦인 돌계단에 벨벳 쿠션 하나만 달랑 놓은 채 앉아 있노라면 마법에 걸린 듯한 느낌이 든다. 이 화려한 볼거리는 원형극장이 아주 색다른 오락의 장이었던 시대를 잠시 되돌아보게 한다. 로마 시대 최고의 볼거리는 피에 목말라 소리를 질러대는 군중 앞에서 검투사들과 사자들이 온 힘을 다해 벌이는 사투였을 것이다.

베로나 여행에 오페라만 있는 건 아니다. 사실 고전주의 건축물로 가득한 이 도시는 로마제국 시대에 로마 다음 가는 곳이었다고 한다. 뿐만 아니라 이곳에서는 훌륭한 이탈리아 도시의 세련미와 멋까지도 찾아볼 수 있다.

셰익스피어가 낳은 가장 유명한 연인, 로미오와 줄리엣이 여기서 나고 또 죽은 탓에 베로나는 '로맨스의 도시'가 되었다. 가장 인기 있는 관광명소인 줄리엣의 집 발코니에서는 많은 사람들이 좋아하는 사랑의 장면을 재현할 수 있다. 그 밖에도 대리석이 깔린 거리와 멋진 광장, 어둡고 좁으면서도 매력적인 골목길은 걸어 다니면서 쉽게 둘러볼 수 있다.

아레나를 보러 갈 때는 정문이 개방되는 아침 시간을 적극 권장한다. 아

베로나 시장의 연극 가면들

〈아이다〉에는 이집트식 화려함이 넘쳐 흐른다

아레나 극장 안에서 프로그램에 관한 책자를 파는 사람

침은 저녁 공연을 위한 세트를 설치하는 시간이라서 많은 사람들 틈에서 시달리지 않고도 방대한 규모를 자랑하는 이 건물을 구석구석 돌아볼 수 있다. 길이 139미터, 폭 109미터에 타원형으로 생긴 이곳을 중요도나 규모 면에서 능가하는 건물은 로마의 콜로세움 Colosseum뿐이다.

 가까이 다가가면 남아 있는 외벽과 2단으로 세워진 장미 빛깔의 아치들을 볼 수 있다. 원래 아레나의 수용 인원은 30,000명인데 오늘날 외벽이 사라졌는데도 오페라 수용 인원이 15,000명으로 줄어드는 것은 극장 후미 부분을 화려한 무대 세트가 차지하기 때문이다. 공연되는 오페라가 매일 밤 바뀌는 만큼 배경이 되는 무대도 날마다 바뀐다. 크레인이 스핑크스나 파라오를 도시 위로 들어올리는 광경은 당장 걸음을 멈추게 한다.

 공연 시간이 가까워질수록 돌을 깔아 만든 아레나 앞 중앙 광장인 브라 광장 Piazza Bra에 사람들이 몰려들면서 결코 놓쳐서 안되는 멋진 행렬이 시작된다. 주변의 노천카페와 레스토랑이 사람들로 가득 차고 오페라 시작

이탈리아

전의 분위기가 달아오르면 광장은 활기찬 새 기운과 기대감으로 떠들썩해진다.

  극장 정문을 지나 수많은 사람들 틈에서 자리를 찾고 있노라면 느릿느릿 지던 해가 친근한 밤하늘을 데려온다. 극장 안의 조명이 켜지기 전에는 다른 사람들과 함께 라이터를 들고 깜빡거리는 불빛을 수놓으면서 이집트의 우렁찬 징 소리를 기다려 보자. 오페라 광이든 아니든 이야기나 세트 혹은 장소 면에서 그만한 드라마를 갖춘 공연을 상상하기 어렵다. 비바 아이다!

오래된 도시 베로나에는 이탈리아의 멋과 유행이 가득하다

출근하는 브라 광장의 웨이터들

베로나는 로마의 유적 위에 세워졌다

ⓘ 여행정보 ....

레스토랑은 손님이 빨리 차로 오페라를 전후해서 식사를 하려면 테이블을 예약해야 한다. 원형극장의 좌석은 무대를 둘러싼 콘크리트 계단의 제일 싼 자리에서부터 중심부의 VIP석에 이르기까지 다양하게 구성되어 있다. 어느 자리에나 장점은 있게 마련이어서 계단 좌석에서는 VIP석에서 결코 흉내낼 수 없는 동지애를 느낄 수 있다. 베르디Verdi의 〈아이다〉와 그 밖의 다른 오페라 공연에 대해 더 자세히 알고 싶다면 www.arena.it.를 검색해보기 바란다.

파도 속을 질주하다

미국 빅서

장대한 경관 속을 질주하는 자동차의 이미지가 떠오르는 나라로 미국만한 곳은 없다. 아름다운 경치와 시원한 도로를 갖춘 미국에는 66번 도로 Route66와 빅서 Big Sur 같은 세계 최고의 드라이브 코스가 곳곳에 있다. 시간적인 여유가 있다면 66번 도로가 좋겠지만 드라이빙의 즐거움을 빨리 만끽하고 싶다면 차창을 내리고 로큰롤 CD를 잔뜩 챙긴 다음 캘리포니아의 절경인 빅서 Big Sur로 향하는 것이 정답이다. 태평양의 험한 해안선을 따라 1번 고속도로를 타고 가는 이곳은 며칠이면 다녀올 수 있는 짜릿한 드라이브 코스다.

고속도로는 오리건 주에서 캘리포니아 주까지 미국 서부해안 전역을 통과하는데, 빅서는 카멜 시 Carmel-by-the-Sea에서 산시메온 San Simeon까지 이어지는 145킬로미터의 장대한 지역을 포괄한다. 차들이 굽이굽이 돌아가는 동안 서서히 밀려오는 노을을 무슨 일이 있어도 놓치지 마라. 하늘은 갑자기 오렌지 빛의 붉은 색으로 물들고 바다는 은빛이 감도는 파란

파도가 부서지는 산시메온 부근의 해변

뒷거울에 비친 산타 루치아 산맥

미국

색으로 변한다.

　기막힌 수족관이 있는 몬터레이 Monterey에서 출발해 몬터레이 반도를 우회하는 경치 좋은 17마일 드라이브 Seventeen-Mile Drive(27킬로미터) 코스를 타면 독특한 풍경의 카멜 시가 나온다. 하지만 진짜 빅서는 아직도 저만치 앞에 있다. 카멜 시를 벗어나자마자 우리를 맞는 것은 많은 주립공원들 가운데 으뜸이라고 할 수 있는 포인트 로보스 Point Lobos다. 이곳의 들쭉날쭉한 곶은 부서지는 태평양의 파도를 막는 보호막 역할을 한다. 포인트 로보스도 멋진 곳이긴 하지만 드라이브 코스는 갈수록 더 좋아진다.

　스포츠카, 할리 데이비슨 오토바이, 캠핑카 등이 다채롭게 어우러지는 1번 고속도로는 곧 수평선 너머까지 보일 듯한 멋진 광경이 펼쳐진 해안선 길을 오르기 시작한다. 이 모든 자연의 아름다움에도 불구하고 빅서에서 가장 잘 알려진 상징물은 거대한 빅스비 브릿지 Bixby Bridge다. 까마득한 협곡 위에 놓여진 이 다리의 배경에는 산타 루치아 산맥 Santa Lucia Mountains이 있다. 이곳은 절벽이 워낙 높고 가파라서 이른 아침에 피어오르는

줄리아 페이퍼 번스 주립공원 근처의 해안

해질 무렵의 빅스비 브릿지

태평양 바다를 수놓는 빅서의 석양

악명 높은 바다 안개가 정오가 넘도록 섣히지 않을 때도 많다. 하지만 참고 기다린 후에는 대개 그만한 보상이 따르므로 끝까지 기다렸다가 멋진 광경을 보도록 하자.

포인트 서 Point Sur 등대를 지나면 길은 앤드루 몰레라 주립공원 Andrew Molera State Park의 층층이 이어지는 완만한 언덕을 지나 내륙으로 이어진다. 이 공원은 도보 여행과 승마를 하기에 좋은 곳이다. 페이퍼 빅서 주립공원 Pfeiffer Big Sur State Park은 그 지역에 최초로 정착했던 유럽인 집안의 이름을 딴 곳으로 2~3일은 충분히 둘러볼 만한 가치가 있다. 선사시대로부터 내려오는 해안의 거대한 아메리카 삼나무들 사이로 그물처럼 얽혀 있는 도보 여행 코스는 감탄이 절로 나온다. 완만한 네이처 트레일 Nature Trail이 그 중 하나이고, 버자드 루스트 Buzzard's Roost와 페이퍼 폭포로 가는 산행은 그보다 까다롭다. 운이 좋으면 검은꼬리사슴이나 보브캣을 볼 수 있다. 억세게 운이 나쁜 경우에는 산사자와 마주칠 가능성도 있다.

그러나 빅서에 자연과 야생동물만 있는 것은 아니다. 예술가들의 사회가 바로 이곳에서 번성하고 있다. 빅서가 배출한 대표적인 인물은 세간에 논란을 불러일으켰던 성애소설 『북회귀선 Tropic of Cancer』의 작가 헨리 밀러

북쪽으로 바라본 빅서의 해안선   빅서의 해안선을 따라 이어지는 1번 고속도로

Henry Miller다. 직설적인 화법으로 유명한 밀러는 말년을 빅서에서 보냈다. 그는 작가이면서 화가이기도 했는데 파격적인 코스트 갤러리 Coast Gallery 와 독특한 헨리 밀러 기념 도서관 Henry Miller Memorial Library에 가면 그의 흥미로운 작품들을 감상할 수 있다.

빅서에서 가장 아름다운 해안선은 줄리아 페이퍼 번스 주립공원 Julia Pfeiffer Burns State Park 부근의 남쪽 해안이다. 이곳에는 자연적으로 형성된 아치형 암석과 작은 섬들이 파도 속에 점점이 박혀 있고 무수한 곶들이 뻗어 있다. 주립공원에서 잠시만 길을 따라 가보면 24미터 높이의 맥웨이 McWay 폭포가 그림 같은 풍경을 이룬다.

카멜 시의 해변을 거니는 모습

마지막으로, 산시메온 부근의 바다사자 서식지와 끝없이 펼쳐진 모래사장은 북쪽의 인상적인 절벽보다 조금 못하다고 할 수 있다. 이런 자연을 보고도 열정이 솟지 않는다면 산시메온의 멋지고 특이한 허스트 캐슬 Hearst Castle에 가보자. 여러 세기에 걸친 온갖 건축 양식을 화려하게 뒤섞어 놓은 듯한 이곳은 신문 발행인 윌리엄 랜돌프 허스트 William Randolph Hearst의 집이었다. 헨리 밀러의 말처럼 "모든 사람에게는 자기만의 자리가 있다."

ⓘ 여행정보

드라이브를 할 때 교통 정체로 방해를 받지 않으려면 성수기의 주말은 피하도록 하자. 빅서 지역은 호텔 선택의 폭이 작은 편이다. 벤타나 인 앤 스파 Ventana Inn & Spa와 빅서 로지 Big Sur Lodge 같은 곳은 고급 숙소다. 그리고 주유소가 드문 데다 빅서 마을에 하나 있는 주유소는 요금이 터무니없이 비싸므로 카멜 시나 산시메온에서 기름을 채우는 것이 좋겠다. 훌륭한 음식과 아름다운 풍경을 함께 즐기기엔 코스트 갤러리에서 가까운 북쪽에 있는 네펜드 Nepenthe 레스토랑이 최고다.

◀ 줄리아 페이퍼 번스 주립공원의 맥웨이 폭포

온천에서 수영을 즐기다

아이슬란드 골든 서클

살아 숨쉬는 지질학의 보고인 아이슬란드는 변화무쌍한 하늘과 거품이 솟는 땅, 우레 같은 폭포, 온천 석호를 자랑하는 절대적인 화산의 땅이다. 위대한 자연의 힘이 지구를 어떻게 조각했는지 알고 싶다면 다양한 지형을 가진 아이슬란드 남서부의 작은 지역, 골든 서클 Golden Circle에서 해답을 얻게 될 것이다.

레이캬비크 Reykavik에 도착해서 밝은 빛깔의 교외 지역을 이끼 낀 용암지대가 둘러싸고 있는 모습을 보면 이 도시의 경계선 너머에 있는 아이슬란드 땅에는 아무도 살지 않는 것이 아닌가 하는 의심마저 든다. 그것이 완전히 틀린 생각은 아니다. 하지만 레이캬비크 저 너머에는 믿기 힘든 생생한 힘과 자연의 아름다움이 존재한다. 그 중에서도 으뜸가는 블라오 로니아 Blao Lonia(블루 라군)는 거대한 청록색 지열 온천으로서, 수영하는 사람의 몸을 따뜻하게 해줄 뿐 아니라 대가없는 치유의 기쁨을 선물한다.

늘 34~36도의 온도를 유지하는 블루 라군 지열 온천　　물을 분출하는 게이지르의 스트록쿠르 간헐천

　　화산 폭발이 남긴 일그러진 흑록색 땅과 극명한 대조를 이루는 이 석호(潟湖)는 레이캬비크 남쪽으로 차를 타고 45분 거리에 있다. 배후에 김과 연기를 내뿜는 지열 발전소의 굴뚝들이 자리잡고 있는 이곳은 마치 〈스타 트렉 Star Trek〉에 나오는 행성처럼 극적이면서도 낯선, 마음을 사로잡는 느낌을 준다. 한 꺼풀 안개를 머금은 채 우윳빛이 감도는 하늘색 물은 차가운 해수와 규소 진흙, 그리고 청록색 수초가 섞여 있고 누가 봐도 좋아할 만큼 깨끗하다. 물은 24시간마다 완전히 교체되고 항상 34~36도의 온도를 유지한다. 물속에 들어가면 부드럽고 편안하게 안기는 듯한 느낌이다. 물속에서 긴장을 푼 다음에는 마사지에서 얼굴 팩까지 갖가지 온천 요법을 받을 수 있다. 대중 수영장이 전부 이와 같다면 얼마나 좋을까.
　　블루 라군 남쪽으로 검은 화산자갈 길을 따라 롤러코스터를 타듯 2시간을 달려야 하는 드라이브 코스는 '사라지는 호수' 클레이파르반Kleifarvatn을 둘러가는 길이다. 이 호수는 지진으로 밑바닥이 파열된 2000년 이후 수량의 약 6분의 1이 새나갔고 여전히 물이 줄어들고 있다. 남쪽으로 더 내려가면 유황 냄새 때문에 크리수비크 셀튠Krisuvik Seltún 지열 지대가 가까이 있음을 알게 된다. 이곳은 레이캬네스Reykjanes반도를 가로지르는 4개의 단층선(斷層線) 가운데 하나에 걸쳐 있는데 반도의 땅속 온도는 200도에 달한다. 유황 냄새가 지독하긴 하지만 거품이 솟는 회색 진흙탕과 쉿 하고 소리를 내는 노란 빛깔의 틈새, 그리고 지글거리는 초록빛 구멍들 사이로 코를 막고 잠시 걸어보는 것도 충분히 의미가 있다.

크리수비크에서 셀포스Selfoss와 레이크홀트Reykholt를 경유하는 먼 길을 따라 가면 분출하는 온천을 뜻하는 게이지르Geysir에 도착하게 된다. 가장 활발한 스트록쿠르Strokkur 간헐천은 끓고 있는 작은 못들 중에서도 규모가

크리수비크 셀튠 지열 지대의 산책로   카리브 해 마냥 푸른 게이지르의 못

대륙의 틈바구니 위로 흐르는 싱그벨리어의 폭포

별로 크지도 않고 카리브 해 마냥 파란 광천 못일 뿐이지만 20분만 기다리면 거품을 내며 끓어올라 약 25미터 높이의 당당한 물줄기를 뿜어낸다.

좀더 북쪽으로 가면 무서울 만큼 힘찬 물줄기가 떨어지는 굴포스 Gullfoss 의 폭포가 나오는데 더 놀랄 수밖에 없는 것은 바로 앞에 갈 때까지도 폭포가 있다는 것을 짐작조차 할 수 없기 때문이다. 훼이타우 강 Hvíta River 의 물살에 고원이 침식되어 형성된 이 폭포는 2단으로 32미터를 흘러 깊고 좁은 협곡으로 들어간다. 버섯 모양으로 솟는 물보라 때문에 맑은 날에는 폭포 위로 뜬 무지개를 볼 수 있다. 방수 재킷은 잊지 말고 꼭 챙기자.

덩치는 작아도 다부진 아이슬란드 말들이 뛰노는 산악지대를 통과하면 아이슬란드 최대 규모의 싱그발라반 Thingvallavatn 호숫가에 이 나라에서 가장 매혹적인 장소인 싱그벨리어 Thingvellir 에 이르게 된다. 이곳은 930년에 세계 최초로 국회나 의회가 열린 곳이다. 싱그벨리어에는 유라시아 구조판과 북아메리카 구조판의 테두리가 위치하고 있는데, 이 판들은 일년에 2센티미터씩 빠른 속도로 벌어지고 있다. 폭포들이 수놓는 폭 40미터의 이 암석 틈바구니는 글자 그대로 대륙과 대륙이 만나는 곳이다.

아이슬란드

싱그벨리어 근처의 산악지대에 사는 아이슬란드 야생마들

구조판 사이의 틈을 볼 수 있는 싱그벨리어

ⓘ 여행정보

아이슬란드로 가는 비행기 편은 예전에 비해 무척 저렴해졌다. 아이슬란드 항공 Icelandair은 유럽과 미국 각지에서 출발해 레이캬비크로 가는 직항노선을 운행하고 있다. 자동차를 대여하려면 어느 길을 이용할 수 있는지 확인하는 것이 좋다. 일반적으로 사륜구동차가 아니면 구석구석 돌아다니기는 불가능하다. 블루 라군 인접도로의 표기는 아이슬란드어로만 되어 있다. 겨울철(9월 1일~5월 14일)에는 오전 10시부터 오후 8시까지가 개장 시간이고, 보통은 오전 9시부터 오후 9시까지다.

클레이파르반으로 가는 도중에 바라본 초록 이끼로 뒤덮인 산들 ▶

미국 라스베이거스
도박, 그리고 현란함

크고 오만하며 밝은데다 시끄럽기까지 한 도시, 라스베이거스 Las Vegas는 논쟁의 여지가 없는 세계적인 도박의 수도다. 도박과 대도시에 대해 어떤 생각을 갖고 있든 인간의 무한한 상상력과 생산력, 독창성을 찬양하며 네온으로 불을 밝힌 이 사막의 기념비를 일생에 꼭 한 번은 봐둘 필요가 있다. 단 하룻밤이라도 좋고 돈을 한 푼도 걸지 않아도 좋다.

비행기를 타고 라스베이거스 국제공항까지 날아가는 것이 일반적이지만 15번 주간(州間) 고속도로를 타고 이 도시로 진입하면 진기한 장면을 볼 수 있다. 드넓은 모하비 사막 Mojave Desert에 자리잡은 이 도시는 아주 멀리서도 한눈에 들어온다. 거대한 분지 그레이트 베이슨 Great Basin과 함께 사막 위로 솟은 빛나는 마천루들이 눈앞에서 펼쳐지는 광경은 그야말로 압도적이다.

이 도시는 일단 우리의 오감을 사로잡으면 놓아주지 않으려고 갖은 노력을 한다. 대규모 휴양 카지노 호텔의 상당수가 몰려 있는 라스베이거스 대로 Las Vegas Boulevard의 주요 구간인 스트립 Strip 가를 걷다 보면 현기증이 다 날 지경이다. 록과 대중음악, 그리고 연예계의 대형 스타들이 거대한 TV 스크린에 나와 자신들의 쇼를 광고하는가 하면 스핑크스와 피라미드, 그리고 거구의 황금사자들이 에펠탑 Eiffel Tower 옆에 나란히 자리하고 있다. 하지만 이런 현기증은 얼마 지나지 않아 80분 안에 세계 일주를 한 것 같은 유쾌한 기분으로 바뀐다. 게다가 세계 최대의 호텔들이 포함된 최상급 호텔들조차 놀랄 만

자동차를 타고 결혼식을 올리는 리틀 화이트 예식장 Little White Chapel

◀ 밤에 헬리콥터를 타고 내려다본 스트립의 멋진 풍경

라스베이거스와 모하비 사막 위로 떠오르는 태양

큼 저렴한 숙박료를 제시하니 즐겁지 않을 수 없다.

넘쳐나는 볼거리를 수박 겉핥기식으로 둘러본다 하더라도 여러 날이 걸린다. 하지만 하루나 이틀밖에 시간이 없다면 모조 엠파이어스테이트 빌딩 Empire State Building과 자유의 여신상 Statue of Liberty을 세워놓고 옥상에는 롤러코스터를 설치해놓은 뉴욕-뉴욕 New York-New York 카지노 호텔을 놓치지 말자. 스트립 가의 북쪽 끝에는 흰색의 거대한 스핑크스가 앞을 지키는 검은색 유리 피라미드가 있는데, 바로 이집트를 주제로 한 룩소르 Luxor 호텔이다. 베니션 Venetian 호텔에서는 진짜 같은 베니스 운하와 다리가 있으니 곤돌라를 타면서 노래를 듣는 것도 나쁘지 않다. 비록 미국적인 악센트가 묻어나오긴 하겠지만 말이다.

마음을 설레게 하는 또 하나의 카지노 호텔은 세계 헤비급 챔피언 권투 경기가 자주 열리는 시저스 팰리스 Caesars Palace다. 하지만 요즘에는 경기 대신 셀린 디옹 Celine Dion 같은 국제적인 스타들의 공연을 볼 수 있다. 이곳에는 또 트레비 분수 Trevi Fountain와 주랑(柱廊), 그리고 화려하게 장식된 천장으로 로마를 실감나게 재현한 라스베이거스 최고의 쇼핑몰도 있다.

사막에 있는 이 도시가 본색을 드러내는 것은 밤의 망토를 둘렀을 때다. 수많은 슬롯머신과 룰렛 회전판, 그리고 카드 및 주사위 테이블이 쉴 새 없이 돌아가고 어마어마한 양의 현금이 주인을 갈아탄다. 베이거스를 찾는 관광객이 평균적으로 잃는 돈은 약 350달러인데 가끔은 크게 딸 수도 있지만 가장 큰 몫은 역시 카지노에게 돌아간다.

도박에 별 관심이 없다면 돈 들이지 않고 구경할 곳도 많다. 가장 대표적이면서 절대로 놓치지 말아야 할 곳은 '프리몽 거리 체험 Freemont Street Experience'이 있는, 스트립 가 북쪽의 달라진 시내다. 보행자 전용인 이 거리는 2백만 가지 이상의 빛깔을 담아내는 422미터 길이의 아치형 덮개가 펼쳐져 있다. 매일 밤 8시부터 자정까지 정시가 되면 다이아나 로스 Diana Ross의 '사랑의 이름으로 멈추어요 Stop in the Name of Love' 같은 최고의 유행가가 울려 퍼지면서 환상적인 빛과 신나는 음악으로 이루어진 쇼가 덮개를 스크린 삼아 펼쳐진다. 그 밖에 주목할 만한 무료 카지노 호텔 쇼로는 미라지 Mirage 호텔의 폭발하는 화산과 벨라지오 Bellagio 호텔의 춤추는 분수가 있다.

도시 전체를 한눈에 내려다보고 싶을 때는 어디에서나 보이는 스트라토

스트립의 해러스 Harrahs 카지노

다운타운의 '프리몽 거리 체험'

베이거스에서는 어디에서나 슬롯머신을 볼 수 있다

옥상에 롤러코스터가 설치된 뉴욕-뉴욕 카지노

거대한 스핑크스가 서 있는 룩소르 호텔의 입구

스피어 타워 Stratosphere Tower로 가면 된다. 이 108층짜리 타워의 꼭대기에 있는 회전 식당과 놀이기구는 정말 스릴 만점이다. 하지만 음식을 먹고 곧바로 놀이기구를 타지는 말자.

라스베이거스는 좋아하거나 싫어할 수 있어도 무관심할 수는 없는 도시다. 만약 이 도시에서 우연히 사랑에 빠진다면 언제든 자동차에 탄 채 100달러 미만의 비용으로 엘비스 Elvis가 등장하는 결혼식을 올림으로써 여행을 마감할 수 있다. 그것은 아마도 도박 중의 도박이 될 것이다.

ⓘ 여행정보

라스베이거스는 넘쳐나는 것이 호텔 방이므로 거의 언제나 협상의 여지가 있다. 따라서 최상급 호텔들의 숙박료를 확인할 때까지는 그보다 저렴한 호텔들에 마음이 끌려서는 안 된다. 자세한 정보를 얻고 싶다면 www.visitnevada.com을 검색해보는 것이 좋다. 카지노에서 사진을 찍는 행위는 금지되어 있다. 이것은 보안상의 이유로 시행되는 규정이다. 미라지 호텔의 화산과 벨라지오 호텔의 춤추는 분수는 늦은 오후와 초저녁에 15~30분에 한 번씩 작동된다.

파리 카지노 호텔을 돋보이게 하는 실제 크기 4분의 1의 에펠탑 ▶

코끼리 타기

네팔 치트완

네팔이라는 이름만 들어도 지구의 표면이 불룩 솟아나올 것 같은 히말라야의 엄청난 높이가 떠오른다. 하지만 네팔에는 잘 알려지지 않은 또 다른 면이 존재한다. 그것은 바로 인도와 국경을 맞대고 있는 남쪽의 테라이 Terai 지방이다. 이곳에는 눈과 얼음으로 뒤덮인 산들이 서서히 사라지고 논과 평야, 숲으로 이루어진 아열대기후의 풍경이 펼쳐진다. 여행을 다니기가 훨씬 수월하고 네팔보다는 인도에 가까워보이지만 그 어느 쪽에도 속하지 않는 곳인지도 모르겠다. 타루 Tharu족이라는 독특한 부족이 살고 있는 이 지역에는 예상치 못한 자연의 보물, 로열 치트완 국립공원 Royal Chitwan National Park도 있다. 이 공원이야말로 야생동물의 진정한 천국이다.

배가 떠 있는 랍티 강 지류 위로 해가 떠오르는 모습

코끼리가 전통적인 이동 수단인 이 공원에는 랍티 강 Rapti River과 그 지류 기슭에 악어들이 웅크리고 있고, 기다란 수풀 속에 코뿔소와 표범, 그리고 호랑이들이 숨어 있다. 호랑이 숫자는 저 멀리 히말라야의 봉우리들보다 많아서, 비록 눈앞에 나타나는 경우가 드물긴 해도 치트완에 머무는 동안 호랑이에 대한 생각을 떨칠 수가 없다. 호랑이를 보고 싶어하는 사람이나 무서워하는 사람 모두 혹시나 호랑이가 가까이에 있을지도 모른다는 생각을 하며 빽빽한 숲과 키 큰 수풀 사이로 난 길을 가려면 묘한 긴장감이 샘솟는다. 코끼리를 타고 이동하면 비교적 안전한 까닭은 무게가 5톤이나 나가는 이 거대한 동물을 건드려봤자 아무런 소득이 없다는 사실을 호랑이도 알고 있기 때문이다. 하지만 검은 코뿔소는 절대로 안심할

◀ 코끼리를 타고 새벽안개 속을 걷는 모습

네팔

수 있는 대상이 아니다. 만약 검은 코뿔소가 돌진해 온다면 최소한 코끼리가 에어백 역할을 할 것이므로 가만히 있는 게 상책이다.

면적이 1,400평방킬로미터에 이르는 이곳은 1973년 당시 네팔의 왕이었던 비렌드라 비르 비크람 샤 데브 Birendra Bir Bikram Shah Dev가 국립공원으로 지정함으로써 호랑이와 코뿔소를 멸종의 위기로 몰고 간 왕족의 사냥과 불법 밀렵의 끔찍한 역사를 적절한 시기에 종결시킬 수 있었다. 1938년에는 린리드고우 경 Lord Linlithgow이 단 한 번의 사냥으로도 호랑이 120마리, 코뿔소 38마리, 표범 27마리, 그리고 곰 15마리를 잡을 수 있을 정도로 동물들이 많았지만, 1968년에는 약 100마리의 코뿔소가 남게 되었고 1970년대에는 20마리의 호랑이만 남아 있었다. 이 두 동물은 그 동안 숫자가 조금 회복되어 최근에는 코뿔소가 약 400마리, 호랑이가 약 80마리 남아 있는 것으로 추정된다.

테라이 마을

유네스코가 1984년 세계유산으로 이 지역을 지정한 것은 과거에 얼마나 많은 야생동물이 살았는지를 기억하게 해주는 살아남은 '섬' 치트완의 중요성을 인정했기 때문이다. 이러한 과정은 공원을 포위하고 있는, 인간의 조급하고 탐욕스러운 침탈과 개발을 일시적이나마 막아내는 데 도움이 되었다.

테라이 위로 뜬 달

현재는 관광객이 늘어나는 추세이지만 그로 인해 치트완의 자연이 파괴되는 일은 없다. 공원은 랍티 강 남쪽 기슭을 따라 코끼리 코 모양으로 동서로 뻗어 있는데 보통은 사우라하 Sauraha 마을을 경유해서 가야 한다. 이 마을에는 저렴한 호텔과 숙소, 그리고 코끼리 타기 여행 상품을 제공하는 정부 소유의 여행사들이 자리를 잡고 있다. 하지만 이 마을 대신 공원 내에 있는 대여섯 군데의 자연 친화적인 숙박시설에 머무를 만한 여유가 있다면 그렇게 하는 편이 좋다. 그 숙소들에는 코끼리를 가족처럼 돌보면서 관광객들에게 소개할 때는 이름을 불러준다. 소박한 매력의 이 별장들은 대개 촛불로만 불을 밝히긴 하지만 호화로운 환대를 받는다는 느낌을 준다.

코끼리 타기는 하루 중 어느 때나 가능한 편이다. 경험 많은 코끼리 운전수 파니트 phanit가 있어 일정에 얽매이지 않고 가벼운 마음으로 여행할 수 있다. 이것은 매우 중요한 점이다. 치트완을 제대로 음미하는 방법은 바로 느리면서도 점잖은 코끼리의 리듬에 몸을 맡긴 채 희미한 빛이 감도는 황혼이나 새벽녘을 거니는 것이기 때문이다. 특히 동 틀 무렵에는 사방이 환

코뿔소와 호랑이가 키가 큰 풀 속에 숨어 있을 수 있다

한 가운데 미세한 안개가 강과 초원, 그리고 강가의 숲을 감싸면서 주변의 소리를 삼켜 태고의 분위기를 더한다. 검은 코뿔소의 그림자를 발견한 파니트가 명령의 명령으로 코끼리가 조용히 코뿔소에 다가가면 이 사냥감을 죽이거나 코끼리에 탄 사람이 위험이 빠지는 일 없이 선사시대의 사냥 방법을 체험할 수 있다. 숙소에서 갓 지은 쌀밥에 카레를 얹고 야채를 곁들이는 식사가 제공되므로 배가 고파서 동물을 잡아먹을 일은 없을 것이다.

파니트는 코끼리가 아주 어렸을 때부터 오랫동안 신뢰 관계를 쌓는다. 하지만 파니트의 보살핌만으로는 이 까다로운 동물을 돌보기가 어렵기 때문에 머하웃mahout이 씻기고 먹이는 일을 돕는다. 먹이는 일은 매우 중요한 임무다. 코끼리는 소화계통이 부실하고 덩치 때문에 많은 에너지가 소모되어 건강한 코끼리의 경우에는 하루에만 300킬로그램의 풀과 20킬로그램의 쿠치kuchi(쌀과 당밀)를 먹어치우고 200리터의 물을 마신다. 놀라운 것은 그 같은 식성을 가졌는데도 수영은 물론이고 물에 떠다닐 수 있다는 사실이다. 그리고 그 모습은 놀라울 정도로 우아하다.

치트완에 사는 온갖 동물들이 가장 활발하게 움직이는 시간대는 새벽녘과 해질 무렵이다. '영광스러운' 동물들만 구경할 가치가 있는 건 아니다.

채소를 따는 테라이의 부족 여성

새벽 여행을 위해 파니트가 코끼리를 데려오고 있다

검은 코뿔소

이 공원에는 커다란 삼바사슴과 랑구르원숭이, 붉은털원숭이, 덩치 큰 날다람쥐, 그리고 멧돼지가 살고 있다. 이 정도로는 야생동물을 좋아하는 사람들을 유혹하기에 부족하다면 치트완이 세계적으로 유명한 조류 보호지역이며 지구상에 알려진 모든 종(種)들의 약 20분의 1이 서식한다는 사실도 밝혀둔다. 따오기, 독수리, 물수리, 그리고 평생 동안 짝을 지으며 사랑을 나누는 홍오리가 이곳을 자주 찾는 새들이다.

네팔 여행 중에 안개 낀 북쪽 지평선의 눈 덮인 히말라야 봉우리에서 눈을 떼기란 쉽지 않다. 하지만 치트완에서 며칠 보내고 나면 그 봉우리들은 그곳에서 볼 수 있는 아름다운 풍경들의 덤에 불과하다는 생각이 든다.

ⓘ 여행정보

네팔의 수도 카트만두 Kathmandu에서 바랏푸르 Bharatpur까지 비행기를 타고 가는 방법이 있지만, 카트만두에서 출발해 야생의 나라야니 강 Narayani River 기슭을 지나 심장이 멎을 듯한 칼리 간다키 Kali Gandaki 협곡을 통과하는, 길지만 극적인 버스 여행도 해볼 만하다. 호랑이 구경을 하기에 가장 좋은 시기는 풀을 잘 라내는 1월 이후다. 이 시기가 되면 로열 치트완 국립공원이 세워질 때 주거지를 다른 곳으로 옮겨야 했던 지역민들이 그에 대한 보상으로 풀을 거둬간다.

코끼리의 시점에서 바라본 물 마시는 코뿔소 ▶

헬리 하이킹의 낙원 로키 산맥

캐나다 골든

캐나다 서부를 가로질러 미국까지 뻗어 있는 로키 산맥 Rocky Mountains은 바위와 얼음, 숲, 초원으로 이루어진 아름다운 오지일 뿐만 아니라 헬리 하이킹의 낙원이기도 하다. 높은 산에 가까이 접근하는 흥미진진한 수단인 헬리 하이킹은 브리티시 콜럼비아 British Columbia 주 골든 Golden 같은 지역을 손쉽게 찾아갈 수 있게 해주었다. 예전에는 꿈도 못꾸었을 긴 휴가를 받은 부지런한 등반가들만이 장비를 끌고 오를 수 있는 곳이 바로 여기다. 하지만 지금은 헬리 하이킹을 하면 하루치 짐만 꾸려 가더라도 저 멀리 산속에 있는 고급 숙소에 머무르기 때문에 지친 몸과 축축한 텐트, 그리고 보잘것없는 캠프 음식을 상상하며 먼저 겁낼 필요는 없다.

퍼셀에서 바라본 비버 계곡과 셀커크 산맥

로키 산맥에서는 마을조차도 작아 보인다. 로키 계곡 Rocky Mountain Trench 의 밴프 Banff 에서 서쪽으로 약 143킬로미터 떨어진 골든은 목재산업과 관광업이 조화롭게 어우러진 곳이다. 이곳에 관광업이 발달한 이유는 가장 최근에 신설(新雪) 활강 스키장으로 떠오른 키킹 호스 Kicking Horse 고개가 있고 6곳이나 되는 국립공원들이 주변에 위치해 있기 때문이다. 이곳은 또 일주일에 2번씩 퍼셀 로지 Purcell Lodge 로 가는 정기 항공편을 운행하는 캐나디안 헬리콥터 Canadian Helicopters 사의 기지이기도 하다. 퍼셀 로지는 글레이셔 국립공원 Glacier National Park 가장자리의 비버 강 Beaver River 에 자리 잡은 최고 수준의 친환경 숙소다. 헬리콥터 비행은 안전하지만 지루하진 않다. 숙소로 가는 도중에 얼음 덮

캐나다

셀커크 산맥에서 가장 높은 산은 얼음으로 뒤덮인 도널드 경 산이다 ▶

인 칼날 같은 산등성이 위로 급강하하기도 하고 울퉁불퉁한 화강암 봉우리 옆으로 날아오르기도 하기 때문이다. 또한 헬리콥터 비행은 1,200미터 높이의 산악지대를 30분 안에 오르고도 여전히 미소를 머금을 수 있는 유일한 방법이다.

퍼셀 로지와 셀커크 산맥

일부 헬리 하이킹 여행사들은 하루에도 여러 차례 높은 산으로 날아가 고객들을 이쪽 등성이에서 저쪽 등성이로 옮겨다 놓지만 퍼셀의 여행사의 경우 비행 횟수를 제한하고 여유로운 분위기를 유지하는 편이다. 숙소에서 최소한 나흘을 머물러야 한다는 것도 여유를 갖고 긴장을 풀면서 이 청정한 환경의 야성을 만끽하게 하기 위한 배려이다. 게다가 얼마나 아름다운 자연 환경인가. 전나무와 엥겔만Engelmann 가문비나무로 이루어진 아고산대(亞高山帶) 숲 위쪽 고산 지대에 자리잡은 그곳은 회색곰과 흑곰의 서식처다. 그래서 야생 열매를 찾아 초원을 누비고 – 하루에 20만여 개를 먹어치운다 – 얼룩다람쥐를 잡으려고 땅을 파는 곰들이 가끔 눈에 띄기도 한다.

늦가을의 눈은 퍼셀을 완벽한 도보 여행지로 만든다

장관을 연출하는 헬리콥터 비행만이 퍼셀 로지로 가는 유일한 방법이다

서쪽으로 비버 강의 깊은 계곡 건너에는 빙하로 덮인 톱니 모양의 셀커크 산맥 Selkirk Mountains이 강과 뚜렷한 대조를 이룬다. 이곳에는 3,277미터 높이에 검은 화강암으로 이루어진 피라미드 모양의 산 도널드 경 Mount Sir Donald이 있다. 3,000미터 급 봉우리들이 줄줄이 늘어서 있음에도 불구하고 지역민들이 가장 경외하는 '도널드 경'은 높은 산이 연출하는 일출과 일몰의 장면을 가장 잘 잡아내는 산이다. 새벽 날씨가 아무리 매섭더라도 발코니에 코를 내놓고서 아침의 붉은 태양빛이 도널드 경의 동쪽 얼굴을 타고 일라실라웨트 빙하 Illecillewaet Glacier로 미끄러지는 모습을 보기 바란다. 이 동쪽 면은 헬리 하이킹을 하는 동안 항로를 구분 짓는 뚜렷한 이정표의 역할도 한다.

헬리 하이킹으로 둘러보는 이 지역의 진정한 매력은 온갖 종류의 길이 그물처럼 연결되어 있다는 점이다. 니그라인더 Kneegrinder, 롤러 코스터 Roller Coaster, 롱 오버듀 릿지 Long Overdue Ridge 같은 자극적인 이름의 길들은 거의 모든 수준의 하이킹 코스를 제공한다. 거기에는 코퍼스테인 산 Copperstain Mountain(2,606미터)이나 문레이커 봉 Moonraker Peak (2,850미터)을 하루 종일 오르는 원정길도 있고 완만한 언덕을 오르는 짧은 산책길도 있다. 그래서 아름다운 풍경을 둘러보고 어쩌면 곰까지 구경하고서도 퍼셀까지 제 시간에 돌아와 숙소의 장작불 앞에서 오후의 차와 케이크를 즐기는 것이 가능하다. 하지만 특별 요리가 나오는 식사를 하려면 입맛을 잃지 않을 정도로만 먹어 두는 것이 좋다.

헬리 하이킹이 가장 인기를 끄는 계절은 초원이 들꽃으로 뒤덮이는 봄과 여름이지만 퍼셀 지역은 눈이 내리는 늦가을부터 멋진 겨울 하이킹 코스로 변신한다. 진짜 겨울이 시작되면 하이킹 부츠를 정리해 넣고 스키에서 먼지를 털어내는 종목 전환이 필요하다. 이 하이킹 코스들은 평균 적설량이 아주 많고 대기가 건조해 스키어들에게는 신설이 두껍게 쌓인 탁월한 코스가 된다. 숙소는 개방되어 있고, 헬리콥터들은 계속 날아다니며, 사우나의 유혹은 말할 수 없이 커진다. 어느 계절에 하든 헬리 하이킹은 지구상에서 맛볼 수 있는 최고의 산악 체험이다.

퍼셀로 가는 길목에서 보이는 칼날 같은 산등성이

 여행정보

캐나다 횡단 1번 고속도로 Trans Canada Highway가 지나는 골든은 밴프와 밴쿠버 사이에 있다. 가장 가까운 국제공항은 차를 타고 동쪽으로 3시간쯤 가면 나오는 앨버타 Alberta 주 캘거리 Calgary에 있고, 캐나디안 어페이가 운행하는 전세기 편을 포함해 여러 노선들이 있다. 수화물의 제한 무게가 하향 조정되어 모든 헬리 하이킹 비행에 엄격하게 적용되고 있으므로 주의해서 짐을 싸기 바란다. 퍼셀 로지는 여러 가지 여름철 헬리 하이킹 여행상품과 겨울철 스키 패키지 여행상품을 제공한다.

아고산대의 얼어붙은 전나무 껍질

해질녘의 폭풍이 도널드 경 산을 감싸고 있다

125

이집트 아스완

펠러커를 타고 나일 강으로

고대사와 신화, 그리고 위대한 문명에 관한 이국적인 이미지들이 떠오르는 강을 꼽자면 나일 강만한 곳이 없다. 그리고 나일 강을 둘러보려면 이집트의 전통 돛배, 펠러커 felucca를 타는 것이 가장 좋다.

룩소르 Luxor에는 한 시간 혹은 몇 시간 안에 다녀올 수 있는 맛보기 여행이 많다. 하지만 역시 가장 마음을 끄는 것은 이집트 최남단의 도시 아스완 Aswan에서 북쪽의 카움옴부 Kom Ombo까지 가는 3일 간의 여행이다. 룩소르의 맛보기 여행보다 덜 상업적인 성격의 이 여행은 수세기 동안 거의 변함이 없는 나일 강을 따라가며 그 주변의 삶을 살펴볼 수 있는 기회가 된다.

바람이 세지 않으면 펠러커는 나일 강 위를 지그재그로 움직여야 한다   카움움부 근처로 흘러가는 나일 강에서 노는 아이들

　펠러커의 선상 생활은 호화로움과는 거리가 멀다. 취사 장비는 아주 기본적인 것밖에 없고, 화장실은 해변을 이용해야 하므로 요청이 있을 때마다 배가 멈춰야 한다. 하지만 이런 단순함은 나일 강의 내력을 이해하고 해가 뜨고 지는 시간에 맞춰 생활하기에는 더없이 적당하다. 별들이 수놓던 밤하늘이 짙은 파랑색과 주황색으로 물드는 새벽에 갑판 위에서 눈을 뜨는 기분은 별 5개짜리 호텔 방에서 일어났을 때의 느낌보다 훨씬 더 오랫동안 기억된다. 그러므로 일생에 딱 한 번만 '불편을 감수한다면' 분명 잊지 못할 여행으로 남을 것이다.

　나일 강은 6,825킬로미터의 길이를 자랑하는 세계에서 가장 긴 강으로

펠러커의 요리사가 해질녘에 돛 올리는 것을 돕고 있다

배 위의 생활은 단순하고 여유롭다

서 탄자니아의 빅토리아 호수 Lake Victoria에서 시작하여 이집트의 삼각지를 거쳐 지중해로 빠져나간다. 그리고 역사적으로는 이집트의 기원과 발전에 대해 생각하지 않을 수 없다. 그리스의 역사가 헤로도투스 Herodotus는 '이집트는 나일 강의 선물'이라고 말했다. 해마다 나일 강이 범람하면서 생명이 싹틀 수 있는 침니(沈泥)가 쌓이지 않았다면 지금 곡식이 자라는 좁은 강변은 황폐한 사막이 되었을 것이다. 아스완 남쪽 아부심벨 Abu Simbel의 신전에서부터 룩소르 주변의 거대한 신전들과 카이로의 피라미드에 이르기까지 이집트의 거의 모든 고대 신전들이 나일 강 기슭에 있다는 것은 나일 강이 대단한 경외의 대상이었다는 증거다.

  하얀 범포(帆布) 돛이 높다란 펠러커는 원래 강을 오르내리며 물건을 나르던 배였지만 오늘날에는 거의 여행용으로만 이용된다. 이 배는 선장과 요리사가 딸려 있고 갑판에는 차양이 쳐져 매트리스에 편히 앉은 채로 몇 안 되는 다른 여행자들과 담소를 나누면서 나일 강 주변의 삶들을 마음껏 돌아볼 수 있다. 끌고 온 당나귀를 강물에 씻기는 모습, 사람을 가득 태운 나룻배가 강 건너 마을로 들락거리는 모습, 해 지는 강변에서 신실한 무슬림들이 기도를 올리는 모습이 보이는가 하면 짚으로 지붕을 올린 집들이 들어찬 조그마한 마을들이 나타났다 사라지기도 한다. 그 사이 강물은 잘 알아차릴 수 없을 만큼 부드럽게 흘러가고, 바람이 어떻게 불든 배는 서서히 북쪽으로 나아간다. 여유를 즐기는 것 말고는 할 수 있는 것이 거의 없다 보니 더 여유로운 여행을 찾기란 쉽지 않을 것이다.

매일 밤 펠러커가 한적한 강변을 찾아 정박하면 요리사는 작은 화덕에서 요리를 시작한다. 식사 후에는 해변에 장작불을 피워놓고 그 앞에 다리를 뻗고 앉아 선장이 부르는 노래와 이야기도 들을 수 있다. 나일 강 지역은 공해가 거의 없어서 칠흑 같은 땅거미가 내리고 나면 하늘은 서서히 눈이 부실 정도로 많은 별들의 잔치판이 된다. 그 광경을 보면 고대 이집트인들이 천문학과 행성의 움직임에 매료된 이유를 쉽게 이해할 수 있다. 강물이 찰싹거리며 펠러커의 옆구리를 훑는 동안 시간은 흐르고 또 흘러 담요나 침낭을 덮고 꿈나라로 갈 시간이 된다.

이드푸의 호루스 신전 입구

카움움부는 호루스 신전과 소베크 신전이 있는 곳이다

이집트

펠러커는 전통적으로 물건을 나르는 배였다 ▶

남쪽에서 강한 바람이 충분히 불어온다면 호루스 신전 Temple of Horus이 있는 이드푸Edfu까지도 여행을 계속할 수 있다. 기원전 3세기로 거슬러 올라가는 이 신전은 이집트에서 가장 잘 보존된 축에 속한다. 하지만 대부분의 3일 여행은 또 다른 호루스 신전과 악어의 신, 소베크Sobek의 신전이 있는 카움움부에서 절정에 이른다. 여행이 끝나는 지점에 상관없이 나일 강이 낳은 경이로운 문명이 새삼 느껴진다면 이 전설적인 강과의 친근한 만남을 마무리하기에 적절한 순간이다.

해가 뜨는 나일 강

ⓘ **여행정보**

많은 항공사들이 날마다 카이로Cairo까지 비행기 편을 운행하고 있다. 이집트 항공 Egypt Air은 카이로와 룩소르, 그리고 아스완에 취항중이다. 탁월한 맞춤형 서비스를 제공하는 익스피어리언스 이집트 Experience Egypt는 펠러커 여행상품도 제공하는데, 룩소르에서의 체류 일자를 연장해주기도 하고 카이로에서 피라미드를 방문할 수 있도록 날짜를 조정해 주기도 한다. 아스완과 룩소르에는 펠러커 여행상품을 제공하는 여행사들이 많지만 그 수준은 천차만별이다. 한두 시간에 그치는 여행이 아닌 보다 긴 시간을 여행하려면 적어도 펠러커 뒤쪽 갑판에 차양이 있는지 확인하는 것이 좋다.

배 위에서 잠을 깨며 맞이하는 새벽

화산에 오르다

과테말라 파카야

파카야가 분화하는 모습을 보려면 오후에 올라가는 것이 가장 좋다

불을 뿜는 화산의 모습을 지켜보는 것은 그야말로 가슴 떨리는 경험이다. 과테말라 남부에 있는 파카야 화산 Volcán de Pacaya의 정상에 오르면 가까이에서 그 모습을 보고 열기도 느낄 수 있다. 절대 미친 소리가 아니다. 분화(噴火) 활동이 매우 활발한 이 화산은 날마다 가이드를 동반한 등반 일정이 잡혀 있어 모험을 즐기는 여행자들이 그 누구도 막을 수 없는 위대한 자연의 모습을 볼 수 있다.

과테말라 시티 Guatemala City 남쪽 30킬로미터 지점에 있는 파카야는 안티과 Antigua에서 차를 타면 쉽게 갈 수 있다. 식민지 시대에 세워진 아름다운 도시이자 세계 유산 유적지 World Heritage Site인 안티과는 멕시코 남부와 중앙아메리카의 넓은 지역을 차지했던 과테말라 스페인 왕국의 수도였다. 안티과 주변에는 아구아 Agua, 푸에고 Fuego, 아카테난고 Acatenango, 이렇게 3개의 커다란 휴화산이 버티고 있는데 모두 빼어난 경치를 자랑하는 여행지들이다. 하지만 자연의 위협은 - 안티과에는 수세기에 걸쳐 심각한 지진이 있었다 - 1776년에 정부 소재지를 과테말라 시티로 바꿔놓았다.

◀ 달빛이 비치는 황혼의 하늘을 향해 웅장하게 분화하는 파카야 화산

과테말라

파카야 화산 옆구리에 녹아내린 용암이 김을 뿜고 있다

안티과는 식민지 시대에 세워진 아름다운 도시다

지금의 현대적인 수도와 달리 안티과는 돌을 깔아 만든 길에 다채로운 색감의 식민지풍 건물들이 늘어서 있고 그 속에 많은 성당과 수도원이 자리해 유서 깊은 분위기가 연출된다. 또 안티과에서 열리는 신성주간 축제는 그 근방에서 가장 정성껏 마련되는 행사로서, 축제 기간 동안 온 거리가 톱밥과 꽃이 뒤섞인 다양한 색깔의 카펫이 깔린 예술작품으로 변신한다. 그 위로 지나는 엄숙한 행렬과 육중한 무대차도 잊지 못할 광경이다.

안티과의 마요르 광장 Plazza Mayor에서는 파카야 투어 여행사들과 관련 전단지를 나눠주는 사람들을 쉽게 볼 수 있다. 하지만 파카야 화산에 오르는 일은 그리 간단하지 않다. 높이 2,560미터의 정상에 오르려면 검은 용암석으로 이루어진 돌무더기를 올라가야 하며 한 발짝 겨우 전진하면 두 발짝 후퇴하는 것처럼 보일 만큼 실망스러운 속도로 2~3시간 동안 가야 한다. 파카야에 오르는 코스는 두 가지인데 잘 준비된 그룹들은 샌프란시스코 데 살레스 San Francisco de Sales에서 출발하는 쉬운 길을 선택한다. 그리고 많

안티과는 주변의 화산들로 인해 수도의 지위를 잃게 되었다

안티과의 시장에 나온 마야의 고지 부족민

은 경우 화산의 원뿔 지역에 도착했을 때 일몰 장면뿐 아니라 붉은 용암이 어두워지는 하늘과 뚜렷한 대비를 이루는 모습을 충분히 볼 수 있도록 출발 시간을 조정한다.

등반이 시작되면 저 위쪽 높은 곳에서 약간 불길하고도 둔중한, 천둥 같은 분화 소리가 들려온다. 혹시나 해서 하는 충고인데 이것은 결코 가벼운 여행이 아니다. 정상에서 활동 중인 맥케니 원뿔McKenney Cone에 가까이 가면 갈수록 최근의 분화 과정에서 분출된, 도처에 김이 나는 뜨거운 잔존물이 널려 있다는 사실을 알아야 한다. 발밑으로 땅이 뜨거워지기 시작하면서 밑창이 두꺼운 등산화가 진가를 발휘한다. 그러다가 원뿔의 가장자리를 이대로 넘을 것처럼 보이는 순간, 길은 왼쪽으로 방향을 틀고 대열은 상대적으로 안전하고 오랫동안 휴지 상태에 있는 다른 정상부로 향하게 된다.

날씨가 좋으면 이곳에서 실로 어마어마한 광경을 볼 수가 있다. 활동 중인 분출구가 부글부글 끓으면서 붉은 용암을 사방으로 토해내는가 하면, 짧고 작은 폭발이 주기적으로 일어나는 스트롬볼리식 폭발은 뜨거운 물질을 간헐적으로 100미터 높이까지 쏘아 올리기도 한다. 코를 찌르는 유황 냄새는 원뿔 쪽으로 부는 맞바람을 맞고 서 있더라도 피하기가 어렵다. 파카야 화산의 숨 막히는 불꽃 공연 너머에는 안티과 주변에 있는 세 화산의 원뿔 모양 봉우리들이 멋진 배경을 만들고 있다. 땅거미가 내려 밤이 찾아오는 동안 붉은색과 주황색이 뒤섞인 뜨거운 용암은 화산의 옆구리를 타고 서서히 흘러내린다. 우리도 내려가야 할 시간이다.

ⓘ 여행정보

파카야의 화산 상황을 확인하려면 안티과 성당 근처에 있는 인구아트 Inguat 관광 사무소에 문의하면 된다. 그곳 직원들 역시 체조스 에코 투어 Eco-tour Chejo's 같은 권위 있는 화산 여행사를 추천할 것이다. 가이드 없이 파카야에 오르는 일은 피해야 한다. 일부 용감한 등산객들이 활동 중인 원뿔의 가장자리로 곧장 올라가는 경우가 있지만 그 같은 행위는 복권 추첨과 다를 바 없음을 명심하자. 작은 분화가 연속 발생했다고 해서 다음 분화 역시 별것 아니라는 장담은 할 수 없다. 이 여행 체험에는 위험 요소들이 있으므로 산에 오르는 동안 무슨 일이 벌어지는지 주의 깊게 살피는 것이 중요하다. 안티과 중앙의 포사다 데 돈 로드리고 Posada de Don Rodrigo 호텔은 독특한 식민지풍의 숙박시설이다.

꽃을 팔려고 준비 중인 마야 여인과 그의 딸

최고의 산책길 밀퍼드 트래킹

뉴질랜드 피오르드랜드

평생에 딱 한 번만 배낭을 메고 하이킹 부츠를 신겠다면 그대가 가야 할 곳은 '세계 최고의 산책길'이라는 뉴질랜드의 밀퍼드 트랙 Milford Track이다. 사우스 아일랜드 South Island의 험준한 피오르드 지역 한가운데를 통과하는 이 길은 토착 관목숲과 우림지대, 그리고 빙하로 뒤덮인 산골짜기를 굽이굽이 돌아 높은 산 속의 맥키넌 고개 Mackinnon Pass로 이어진다. 그 후로 등선을 따라 천천히 내려오다가 서덜랜드 폭포 Southerland Falls가 있는 강과 다른 폭포들을 지나면, 뾰족한 마이터 봉 Mitre Peak이 빛을 발하는 밀퍼드 사운드 Milford Sound가 나타난다.

글레이드 하우스에서 출발하는 길에는 가파른 산들이 늘어서 있다

밀퍼드 사운드

밀퍼드 사운드에서 가장 높은 마이터 봉

1888년 퀸틴 맥키넌Quintin Mackinnon과 어니스트 미첼Ernest Mitchell이 이 길을 처음 개척한 이래 베테랑 여행자는 물론이고 말 그대로 하이킹 부츠를 처음 신어보는 초보자까지 누구나 53킬로미터에 이르는 이 나흘간의 경로에 도전해왔다. 그런데 이 도전에는 쉬운 방법과 어려운 방법이 있다. 가이드가 딸린 여행에는 비교적 고급스러운 숙박시설과 코스요리, 따뜻한 샤워, 그리고 하루의 피로를 씻어주는 한 잔의 와인이 제공되는 반면, 단독으로 움직이는 사람들은 오두막을 숙소로 이용해야 하고 식재료를 갖고 다니면서 직접 요리를 만들어야 한다.

뉴질랜드

가이드가 포함된 여행에 참가하면 먼저 퀸스랜드에서 코스에 대한 설명을 들은 다음 장거리 버스를 타고 테 아나우 호수 Te Anau Lake로 이동한다. 호수에 도착하면 대형 보트를 타고 이 호수의 수원지(水源池)로 향한다. 저 멀리 높은 산들이 울창한 숲으로 모서리를 감추며 이루는 절경 때문에 밀퍼드 트랙으로 가는 보트 타기는 그 자체로도 충분히 기억에 남는다. 목적지에 도착해 양치류가 늘어선 길을 따라 20분만 걸으면 첫날 묵게 될 글레이드 하우스 Glade House가 나타난다.

웨트랜드 워크는 짧은 우회로다   글레이드 하우스 근처의 산길은 우림으로 덮여 있다

트래킹 둘째 날에는 클린턴 강 Clinton River에 걸쳐진 현수교를 건너면서 처음으로 아슬아슬한 흥분을 느끼게 된다. 그러고는 너도밤나무 숲을 꼬불꼬불 돌아 맥키넌의 오두막을 지나고 웨트랜드 워크 Wetland Walk라 불리는 우회로로 들어선다. 웨트랜드 워크는 양치류와 이끼류 보호 지역을 통과하는 길이다. 그 뒤로는 짐말들이 다니는 오래고 넓은 길이 펼쳐지면서 제법 평평한 길을 걷는 호사를 누릴 수 있다. 하지만 평평한 길은 클린턴 계곡의 서쪽 지류를 따라 오르기 전까지만 이어지는 것으로, 계곡에 들어서면

좁은 계곡을 따라 굽이쳐 내려가는 폭포 ▶

벌룬 산이 내려다보고 있는 고지 맥키넌 패스

폼폴로나 로지 근처에 있는 얇은 물줄기의 폭포

1,220미터에 이르는 주변 산들의 높이 때문에 자신이 너무나 작은 존재처럼 느껴진다.

　폼폴로나 로지 Pompolona Lodge에서 하룻밤을 보낼 때는 새벽같이 일어나는 것이 좋다. 그렇지 않으면 1,073미터의 맥키넌 고개로 향하는 만만찮은 등정을 위한 시간을 충분히 확보할 수 없다. 흔들리는 현수교를 또 한 차례 건너고 나면 숲으로 둘러싸인 지그재그 모양의 길을 따라 본격적인 오르막이 시작된다. 그렇게 점점 더 높이 올라가다 보면 마침내 아름다운 풍경의 니콜라스 협곡 Nicholas Cirque을 만나게 된다. 이곳은 클린턴 계곡의 수원지에 위치하고 있는, 자연이 만들어낸 원형극장이다. 마지막으로 한 번만 더 힘을 내어 올라가면 맥키넌 고개가 나오고 1912년에 맥키넌과 미첼의 수고를 기리기 위해 세운 돌무더기 기념비도 나타난다. 여기서는 뾰족한 산봉우리와 깊은 계곡들이 저 멀리 바다가 펼쳐진 것처럼 뻗어 있는 광경을 볼 수 있다.

　이제 길은 벌룬 산 Mount Balloon의 가장자리를 돌아 잘록한 산마루로 이어지다가 퀸튼 로지 Quinton Lodge까지 6킬로미터의 내리막이 펼쳐진다. 이 길은 바위가 많고 땅이 고르지 않아 힘이 들므로 길 자체보다는 가파른 절벽과 흐르는 빙하, 그리고 굽이치는 폭포 계곡을 지나는 아름다운 판자 산책로에 마음을 쏟는 편이 낫다. 다리에 아직 힘이 남아 있다면 로지에서 왕

복으로 90분이 걸리는 서덜랜드 폭포 Southerland Falls로 가보자. 이 폭포의 높이는 540미터인데, 전세계 폭포 가운데 다섯번째로 높다고 한다.

마지막 날의 일정은 앞서 사흘간의 수고에 비하면 마치 산들바람처럼 느껴진다. 길은 내리막의 연속인데다 43킬로미터 지점부터는 다시 꽤 평평한 열대림의 땅이 펼쳐지기 때문이다. 시원스런 아다 호 Lake Ada의 모습이 보인다면 마침내 부츠를 벗어던질 수 있는 샌드플라이 포인트 Sandfly Point가 가까왔다는 뜻이다. 여기서부터는 보트를 타고 빙하에 깎여 만들어진 장엄한 밀퍼드 사운드 Milford Sound로 들어간다. 밀퍼드 마리너 Milford Mariner호를 타고 이 협만(峽灣)을 통과하면서 편안한 하룻밤을 보내고 난 후, 태즈먼 해 Tasman Sea의 해돋이를 보며 트래킹 완수를 축하해 보는 것은 어떨까.

ⓘ 여행정보

뉴질랜드 항공 Air New Zealand을 비롯한 몇몇 항공사들이 퀸스타운 Queenstown 직항노선과 오클랜드 Auckland 경유 노선을 하루에도 여러 차례 운행하고 있다. 낙농업 목장을 개조한 퀸스타운의 데이어리 게스트 하우스 Dairy Guest House는 트래킹의 전체 과정을 완벽하게 책임지는 숙박시설이다. 가이드가 딸린 여행은 얼티미트 하이크 Ultimate Hikes 사를 통해 준비할 수 있다. 트래킹을 완벽하게 마감하려면 리얼 저니 Real Journeys 사에서 마련한 밀퍼드 마리너 호를 타고 밀퍼드 사운드를 통과하면 된다. 비행기를 타고 숨 막힐 듯한 산속의 절경을 보는것도 퀸스타운으로 돌아오는 여행을 즐기는 방법 중 하나다.

글레이드 하우스에서 출발해 길을 가는 도중에 해가 떠서 봉우리를 비추고 있다

낙타 여행

요르단 와디 룸

제벨 움 이시린을 둘러보는 트래킹

높이 솟은 사암 바위들이 섬처럼 떠 있는 와디 룸 Wadi Rum은 영화 〈아라비아의 로렌스 Lawrence of Arabia〉에 깊은 영감을 주었다. 정적이 살아 있는 이 신비로운 오지는 '사막의 배' 라고 불리는 낙타를 타고 둘러보는 것이 제격이다.

반(半)유목민인 나바테아인들은 기원 후 4세기부터 와디 룸을 지나는 길을 비롯해 요르단 남부의 주요 교역로를 전부 장악해왔다. 그들을 세계에서 가장 부유한 집단으로 만든 것은 '행운의 아라비아 Arabia-felix'(지금의 예멘 Yemen)에서 생산된 유향과 몰약, 페니키아 Phoenicia에서 만든 자줏빛 옷감, 그리고 인도에서 들여온 향신료였다. 나바테아인들의 후손인 베두인 족은 오늘날 와디 룸의 중추로서 암석등반과 하이킹, 낙타여행 등 사막에서 이뤄지는 온갖 모험에 대한 훌륭한 가이드 역할을 담당하고 있다.

호베이타트 Howeitat 부족이 다스리는 룸 Rum 마을은 많은 사람들이 찾는 곳이지만, 그 근처 즈웨이다 Zweideh 부족이 사는 디시 Disi 지역은 인적이 드물고 황량해서 낙타 여행을 하기에 알맞다. 이곳에서 출발해 동쪽으로부터 제벨 움 이시린 Jebel Um Ishrin으로 접근하면 제

◀ 흥미롭고 특이한 바라흐 협곡

요르단

벨이라 불리는 바위산들과 협곡들을 둘러볼 수 있다. 제벨 움 이시린은 사람의 발길이 닿지 않는 광막한 사막 위에 높은 절벽과 커다란 표석들이 마치 얽은 자국처럼 모여 있는 곳이다.

낙타는 평판이 안 좋기도 유명하다. 누구를 붙잡고 물어봐도 그렇고 베두인족에게 물어봐도 마찬가지다. 까다롭고 변덕스러우며 성미가 급한 동물이라는 것이다. 게다가 자기를 귀찮게 하는 사람에게는 주저 없이 침을 뱉어버린다. 하지만 다행인 것은 낙타가 소문처럼 나쁜 성질만 가진 동물은 아니라는 사실이다. 물론 (먹을 때를 제외하면) 낙타가 세상에서 가장 착한 동물이라고 말하는 건 아니지만 등에 올라탄 사람을 곧바로 떨어뜨리지는

낙타는 침을 뱉는 습성이 있으므로 조금 떨어져 있는 것이 좋다

디시에서 서쪽으로 펼쳐지는 진흙 평야

해질녘에 낙타를 타고 제벨 움 이시린을 둘러보는 모습

바람이 쓸고 간 디시 근처의 모래 언덕

않는다.

  제벨 바라 Jebel Barrah로 가기 위해 디시에서 낙타를 타고 평야를 가로지르다 보면 나무 안장이 그다지 푹신하지 않기 때문에 처음에는 편안한 자세를 잡으려고 애쓰게 된다. 자세가 잡히고 낙타의 특이한 걸음걸이에 익숙해지면 고개를 들어 제벨 움 안푸스 Jebel Um Anfus와 제벨 아부 아라시라 Jebel Abu Arashra 주변의 바위들의 기묘한 모양에 감탄할 수 있을 것이다. 가까이에서 보면 그 광경은 끊임없이 내리쬐는 태양빛에 바위들이 초콜릿처럼 녹아내리는 것과 같다.

  가마솥 같은 한낮의 열기를 피해 그늘을 찾아 쉬려면 아침 일찍부터 출발하는 것이 좋다. 그러면 당연히 둘러볼 시간도 넉넉해진다. 반쯤 숨어 있는 바라 협곡 Barrah Canyon은 그 지역에서 가장 웅장한 지형으로, 제벨 바라와 제벨 아부 주다이다 Jebel Abu Judaidah 사이를 비집고 다니노라면 절벽들이 아주 가깝게 다가오는 느낌이 든다. 낙타는 조용하면서도 꾸준한 속도로 골짜기와 협곡을 지나므로 사구를 넘는 데 놀랄 만큼 효

율적이다. 낙타를 타면 매일 40킬로미터 남짓한 거리를 갈 수 있다.

야생동물은 낮보다는 밤에 나타날 가능성이 크지만 그렇다고 낮에 전혀 생명체를 볼 수 없는 것은 아니다. 해골 같은 위성류(渭城柳) 관목들이 골짜기 지면을 따라 듬성듬성 나와 있는가 하면 높은 곳에는 로뎀나무의 꼬부라진 뿌리가 수분을 찾아 뻗어나가고 있다. 아주 운이 좋으면 희귀한 아이벡스 염소도 볼 수 있다. 함께 여행하는 사람들을 빼고 마주치는 사람이라곤 드문드문 흩어져 있는 풀밭을 찾아 사막 여기저기로 염소 떼를 몰고 다니는 베두인 양치기들밖에 없다. 이따금씩 사륜구동차가 시끄럽게 지나가기도 하지만 짜증스러울 정도는 아니다.

밤에는 염소 털로 짠 천막에서 야영을 하면서 잘 알려진 베두인족의 환대를 받을 수 있다. 해가 뜨고 지는 광경은 당연히 볼 만한 것이지만 와디 룸의 제벨과 사구가 태양빛과 하나가 되는 것은 일출 한 시간 전, 일몰 한 시간 후이다. 이 시간 동안 사막의 정적에 대한 영원히 잊혀지지 않는 추억을 만들 수 있다. 귀가 먹은 듯한 느낌마저 드는, 오지의 진정한 정적 말이다.

낙타를 타고 디시 근처의 진흙 평야를 건너는 모습

ⓘ 여행정보

암만Amman까지는 로열 요르단 항공 Royal Jordanian Airlines의 비행기 편으로 직행할 수 있고 거기서부터는 데저트 하이웨이 Desert Highway를 따라 남쪽으로 5시간을 달리면 와디 룸이 나타난다. 숙박시설은 선택의 폭이 약간 좁지만 디시 근처 데저트 익스플로러 Desert Explorer 사의 바이트 알리 Bait Ali 캠프처럼 새로 개발된 사막 캠프들은 전통적인 베두인식 시설에 최고의 캠핑 편의를 제공하고 있다. 데저트 익스플로러 사는 디시에서 출발하는 낙타 여행상품과 사막에서 말을 타는 여행상품도 제공한다. 더 자세한 정보를 원한다면 요르단 관광 위원회 Jordan Tourist Board에 문의하기 바란다.

◀ 디시 근처에서 바라본 해질녘의 제벨들

마디그라 축제에 빠져들다

미국 뉴올리언스

해마다 뉴올리언스 New Orleans를 떠들썩하게 만드는 마디그라 Mardi Gras 카니발은 지상 최대의 축제다. 사람들은 이 한가로운 재즈와 블루스의 수도에서 사순절(四旬節)을 앞둔 2주일 동안 밴드의 유혹적인 리듬에 맞춰 춤추고 활보하며, 또 행진한다. 이 축제는 그저 주변에서 구경만 하는 축제가 아니다. 비즈를 얻기 위해 소리 지르고, 춤을 추며 버본 거리 Bourbon Street를 가로지르며, 최고의 스릴을 맛보면서 마디그라 무대차에 올라 분위기에 몰입하는 것이 이 열광적인 축제를 즐기는 방법이다.

느릿느릿 흘러가는 미시시피 Mississippi 강 기슭을 따라 루이지애나 Louisiana 주 남부에 자리 잡은 뉴올리언스는 식민지풍 목조 주택과 연철(軟鐵) 발코니, 그리고 분위기 좋은 재즈 바와 블루스 바들이 행복하게 어우러져 있는 곳이다. 이곳에서는 아직도 물레방아 증기선이 강을 오르내리고, 감수성 풍부한 음악가들이 거리 연주를 펼치며, 케이준 스타일의 입맛 돋

커넬 거리는 저녁 시간의 모든 행진을 구경하기에 좋은 장소다

버본 거리는 뉴올리언스의 심장이자 영혼이다

슈퍼 크루 줄루Zulu의 왕 줄루 렉스Zulu Rex

미드시티 크루는 자체적인 밴드가 있다

우는 음식 냄새가 후각을 자극한다. 그래서 마디그라에 참가하지 않더라도 이 도시를 방문하면 잊지 못할 경험을 할 수 있다. 물론 카니발 기간에 간다면 더더욱 멋진 경험이 될 것이다.

마디그라 축제가 열리는 기간이 해마다 정해져 있는 건 아니지만 가장 떠들썩한 날은 역시 '먹보 화요일 Fat Tuesday'이다. 하지만 이 날의 자정이 되면 파티는 순식간에 중단되고 상대적으로 엄숙한 사순절이 '재의 수요일 Ash Wednesday'과 함께 시작된다. 그러니 화요일에 도착해서는 온전한 마디그라 체험을 기대할 수 없다. 적어도 행진 시작일 한 주 전에는 많은 슈퍼 크루들이 이곳에 와 있어야 한다. 크루krewe란 시에 기반을 둔 사교 클럽을 말하는데 일부 크루들은 회원이 수천 명에 이른다. 축제의 중추가 되는 이 클럽들은 돈을 모아 무대차를 꾸미고 축제를 위한 무도회를 열며 대규모 행진 일정을 계획한다.

오르페우스Orpheus, 바커스Bacchus, 엔디미온Endymion, 그리고 렉스Rex 같은 슈퍼 크루들은 공들여 꾸민 긴 무대차를 선보이기 때문에 당연히 많은 관심을 끌지만, 진정한 마디그라 정신을 보여주는 것은 몇몇 작은 클럽들이라고 할 수 있다. 활기 넘치는 미드시티 크루Mid-City Krewe가 한 예인데 이들은 외부 사람을 무대차에 태워 일생일대의 경험을 하게 해주는 몇 안 되는 클럽 중 하나다. '사랑을 위해 하는 일들'이 주제인 이 행진은 포일로 감싼 다양한 색깔의 무대차들 주변에 밴드와 말을 탄 외부인들이 여기저기 포진하는 화려한 행사다. 무대차에 탄 사람들의 임무는 한 가지뿐이

비즈 목걸이를 얻으려는 버본 거리의 사람들

◀ 대부분의 행진은 대학교 밴드들이 연주를 맡는다

미국

다. 행진을 지켜보는 이들에게 비즈와 장난감, 컵, 그리고 동전 - '스페인 금화'라고 알려진 - 을 가능한 한 많이 던져주는 일이다. 하지만 통로에 늘어선 사람들이 100만 명을 넘는다는 사실을 감안하면 결코 만만한 일이 아니다.

  행진이 시작되면 비즈를 쌓아두고 의상과 가면을 챙겨 입은 사람들이 가로수가 늘어선 세인트 찰스 거리 St Charles Avenue를 따라 무대차를 천천히 출발시킨다. 이 거리의 저택들은 정의, 믿음, 힘을 뜻하는 자주, 초록, 황금색의 전통적인 카니발 색깔로 치장된다. 흔들어대는 수많은 손길 위로 끊임없는 고함 소리가 터져나오고, 비즈를 조금이라도 더 얻기 위해 확인이 불가능할 정도로 많은 발판 사다리들이 동원된다. 플라스틱으로 만들어 번지르르하고 사실상 아무런 가치도 없는 이 비즈는 축제를 즐기는 대부분의 사람들에게는 마디그라의 전부라고 할 수 있다. 뉴올리언스의 주요한 거리이자 세계에서 가장 넓은 커낼 거리 Canal Street는 요란한 피날레를 앞두고 점점 더 불어나는 사람들로 북새통을 이룬다. 무대차를 타고 네다섯 시간을 돌다보면 잠시나마 순회공연을 떠나온 록

슈퍼 크루들은 정교한 무대차를 선보이며 수천 개의 비즈 목걸이를 던져 준다

버본 거리는 비즈를 교환하는 장소다

스타나 개선 행진을 하는 스포츠 영웅이 된 듯한 기분이 들 것이다.

행진이 펼쳐지는 동안 활기를 띠는 버본 거리는 아름답고 오래된 프렌치 쿼터 French Quarter에 속해 있다. 1699년 마디그라 축제를 뉴올리언스에 들여온 것은 프랑스인들이다. 희미하게 불이 켜진 재즈 바와 블루스 바에는 비즈 목걸이를 건 사람들이 발코니를 가득 채우고, 그 밑에 있는 사람들은 비즈를 받으려고 아우성이다. 목걸이는 밤낮을 가리지 않고 비처럼 쏟아져 내리는데, 그것 때문에 일어나는 소동을 보고 있노라면 마치 다이아몬드 목걸이라도 되는 듯싶다. 비즈 목걸이를 얻는 것, 그것도 많이 얻는 것이 바로 마디그라를 성공적으로 즐기는 열쇠다. 실없는 소리처럼 들리는가? 하지만 가서 보면 안다. 고루하기 짝이 없는 사람들조차도 열광적으로 비즈를 모으는 곳이 바로 이 잊지 못할 거리 축제의 장이다.

ⓘ 여행정보

뉴올리언스의 숙박시설은 마디그라의 마지막 주에 앞서 예약이 꽉 차기 십상이므로 일찍 서두르는 것이 좋다. 행진이 펼쳐지는 거리는 행렬이 지나가기 전과 후에 폐쇄 조치가 내려지기 때문에 세인트 찰스 거리의 랜드마크인 폰차트레인 Pontchartrain 호텔처럼 통로에 있는 숙소를 잡는 것이 가장 좋다. 뉴올리언스를 방문하기 위해 더 자세한 정보가 필요하다면 시에서 운영하는 여행자정보센터 Convetion and Visitor Bureau에 문의하면 된다.

미시시피 강의 증기선 나체즈 Natchez

홍해 속으로 잠수하다

이집트 다하브

시나이 반도 Sinai Peninsula**의 한적한 마을 다하브** Dahab**는 스쿠버다이빙이 유명한 홍해에서도 보석 같은 곳으로 캐니언** Canyon**과 블루 홀** Blue Hole**을 비롯한 세계적인 잠수지들이 이곳에 있다. 뿐만 아니라 수심도 천차만별이어서 편안하게 스쿠버다이빙을 배울 수 있는 곳이 있는가 하면, 나이트록스 수중호흡기를 달지 않으면 안 되는 곳도 있다.**

많은 사람들이 즐겨 찾는 샴 엘 세이크 Sharm El Sheik의 잠수지들로부터 북쪽으로 85킬로미터 떨어진 지역에 있는 다하브는 시나이 사막 Sinai Desert의 황량한 산들에 둘러싸여 땅 위의 풍경과 물속의 모습이 극적인 대조를 이룬다. 최고의 스쿠버다이빙 장소들이 전부 해변에서 곧바로 접근이 가능하다 보니 물갈퀴를 신고 사막에서 홍해로 곧장 걸어 들어가는 특이

　　　　　다하브　　　블루 홀 근처의 단단한 산호

한 경험을 하게 된다.

　가장 매력적인 잠수지 가운데 하나인 '뱀장어 정원 Eel Garden'은 라이트 하우스 Lighthouse 지역이라고 불리는 넓은 해변의 북쪽 구석에 있다. 이곳에서 10~15미터 정도 잠수해 내려가면 완만한 모래 경사지가 나타나는데 겉으로 보기에는 단조롭기 그지없지만 움직이지 않고 때를 기다리고 있으면 모래 속에서 뱀장어들이 피리꾼에게 홀린 코브라 떼처럼 기어 나와 흐느적거리며 숲을 이룬다. 이 장면이 어찌나 유혹적인지 독이 있는 라이언 피시와 부채 모양의 산호를 구경하러 더 깊이 내려가기보다는 마냥 머물고 싶을 정도다.

이집트

빼어난 잠수지들을 더 소개하자면 남쪽에 크고 고요한 초승달 모양의 만에 골든 블록스 Golden Blocks가 있고 북쪽에는 잘 알려진 캐니언이 있다. 캐니언에서는 잠수과정이 복잡하므로 가능한 한 산소를 전부 모아야 한다. 일단 물속에 들어가면 곧바로 산호초 위에서 스노클링으로 커다란 벽의 가장자리에 접근한 다음 오케이 표시를 하고 아래로 내려간다. 그러면 커다란 바위 머리가 나타나고 그 밑으로 좁은 틈이 벌어져 있는데 그 틈을 통과하면 글래스피시 떼가 가득한 넓은 공간이 나온다. 갈수록 깊어지는 어두운 협곡을 오르내리다가 입구로 되돌아올 때는 수면 위로 나가기 전에 바위 머리 부근을 좀더 둘러볼 수 있도록 산소를 아끼기 바란다.

다하브에 스쿠버다이빙을 하러 오는 사람들이 대부분 가보고 싶어 하는 곳은 블루 홀 Blue Hole이다. 블루 홀은 해안에서 가까운 바위벽이 파도에 깎여서 만들어졌는데, 겉으로 보기에는 바닥이 보이지 않을 정도로 깊은 구멍이다. 경험이 많지 않다면 이곳으로 곧장 잠수하지 않는것이 좋다. 이 구멍은 300미터 남짓한 깊이의 경사면을 타고 아래로 곤두박질치는데 그 다

캐니언에서의 최종적인 장비 점검

골든 블록에서 하강을 기다리는 잠수부들

다하브는 시나이 사막의 산들에 둘러싸여 있다.

블루 홀의 풍부한 물고기와 산호

음은 한도 끝도 없는 추락이 기다리고 있기 때문이다. 너무 깊이 들어갔다가 질소 중독으로 숨진 스쿠버들을 추모하는 바위 해안선의 추모비를 보면 제 아무리 자신감 넘치는 전문 스쿠버도 정신이 번쩍 들게 마련이다.

블루 홀을 가장 안전하고 흥미롭게 둘러보려면 우선 산소통과 무게 벨트를 착용한 다음 나지막한 곳을 따라 벨즈Bells로 짧은 트래킹을 나가야 한다. 바위로 둘러싸인 이 좁은 못에서 익히는 다이빙은 다음 순간을 대비하는 좋은 연습이 된다. 일단 바위벽 꼭대기의 가장자리에 도착하면 바위 속으로 난 좁은 수직 수로를 통해 30미터 가량 내려간다. 이곳을 통과하려면 머리를 먼저 집어넣고 어둠 속을 헤쳐나가는 수밖에 없다. 잠깐 동안 아무것도 보이지 않던 통로에 끝으로 갈수록 희미한 빛이 비치기 시작하고, 밖으로 빠져나오면 빅 블루Big Blue가 우리를 맞이한다. 깊은 곳에 자리한 이 탁 트인 바다는 위치에 대한 감 잡을 만한 지형물이 하나도 없어 걱정스러운 마음이 들게 한다. 주위는 온통 매혹적인 푸른색 물결로 가득하다.

그 수로의 밑바닥에서 풀 산호로 이루어진 벽을 따라 기묘한 바다뱀이나 흰붕장어가 있는 곳을 지나면 아름다운 빛깔의 산호와 페어리 배슬렛이 가득한 오목한 공간이 나타나는데 여기가 바로 블루 홀로 들어가는 곳이다. 이렇게 조심하며 들어가더라도 밑으로 떨어져 사라지는 일이 없도록 측심기에서 눈을 떼지 말아야 한다.

훌륭한 잠수지가 많고 그 자체로도 평온한 아름다움을 지닌 이 다하브를 찾아가려면 서두르는 편이 좋다. 샴에 불어 닥친 개발의 바람이 이 홍해의 낙원에도 불기 전에 말이다.

ⓘ 여행정보 ···

홍해에서 운영되는 많은 여행사 및 잠수 회사들 가운데 익스피어리언스 이집트 Experience Egypt 사는 오르카 다이브 클럽 Orca Dive Club을 통해 다하브 잠수 패키지 여행상품을 제공한다. 가격이 저렴하면서 교육 수준도 높아서 오픈워터 코스에 뛰어들기에 이상적인 곳이 다하브다. 기본적인 자격 조건을 갖추는 이 코스는 약 닷새가 걸리며 20미터까지 잠수가 허용된다. 한편 다하브는 잠수기술과 나이트록스 수중호흡기를 사용해 80미터 이상의 잠수가 가능한 소수 텍 Tec 다이버들의 최신 목적지로 각광받고 있다. 카이로 Cairo까지는 이집트 항공 Egypt Air의 직항노선이 운영되며, 다하브까지는 환승이 필요하다.

캐니언의 산호초에 나타난 아름다운 빛깔의 페넌트 버터플라이

백마를 타고 달리는 바닷가

뉴질랜드 파키리 해변

영화 〈피아노 The Piano〉를 통해 알려진 뉴질랜드 노스아일랜드 North Island의 파키리 해변 Pakiri Beach은 평생토록 기억에 남을 승마를 할 수 있는 그림 같은 곳이다. 백마를 타고 끝없이 펼쳐진 하얀 모래사장을 달리다 보면 얼굴에 시원한 바닷바람이 스치고 귓가엔 천둥 같은 말발굽 소리가 울려 퍼진다.

파키리 해변은 하루라키 만에 있다

오클랜드 Auckland에서 차로 2시간 남짓한 북동쪽 해안에 자리 잡은 파키리 해변은 21킬로미터의 눈부신 길이를 자랑한다. 울퉁불퉁한 사구와 바람에 흔들리는 무수한 풀들에 가려져 있는 이곳은 단순히 거쳐 가는 장소가 아니라 감춰진 보석 같은 곳이다. 또 널빤지로 지은 작은 농가만이 드문드문 흩어져 말을 타고 마음껏 걷고 달릴 수 있다.

해변에서만 말을 탈 수 있는 건 아니다. 토착 관목이 무성한 트래킹 루트들은 주변을 둘러싼 언덕으로 굽이쳐 올라간다. 그러면 말은 뉴질랜드의 상징 식물인 거대한 은색 고사리를 스쳐 지나가기도 하고 통나무 수송로나 마오리 전사들의 역사가 어린 길을 달려가기도 한다. 웃자란 화장실 솔처럼 생긴 가시나무, 토이토이 toitoi와 마주치지 않을

◀ 아무도 살지 않는 파키리 해변에서 말을 타다

뉴질랜드

테 키리 워리어 트레일을 따라 오마하까지 가는 여행

파키리 해변 마구간의 말들

수 없겠지만 사람과 말, 모두 찔릴 수 있으므로 너무 가까이 가지 않는 게 좋다. 여름철에는 해변에 늘어선 포후투카와 pōhutukawa(뉴질랜드의 크리스마스 나무)들이 꽃을 피워 붉은 띠를 형성한다.

이 같은 풍경은 손으로 짠 그물로 해변에서 물고기를 건져 올리고 주변의 목초지에서 농사를 짓던 마오리 정착민 때부터 시작되었다. 안장주머니에 먹을거리를 챙겨넣고 고삐를 쥔 다음 이 지역에서 가장 아름다운 길이라는 테 키리 워리어 트레일 Te Kiri Warrior Trail을 달리는 것보다 더 좋은 방법이 있을까? 이 여정의 절정은 파키리의 하얀 모래사장을 지나 파Pa로 오르는 길이다. 파는 그 지역 마오리족의 족장이었던 테 키리Te Kiri의 감시 요새가 있던 곳이다. 여기서는 하우라키 만 Hauraki Gulf을 넘어 태평양, 그리고 하우투루Hauturu라고 부르는 작은 산호초 Little Barrier 섬과 아오테아Aotea라고 부르는 큰 산호초 Great Barrier 섬, 그리고 헨 아일랜드 Hen Island와 치킨 아일랜드 Chicken Island, 심지어는 오클랜드까지도 시야에 들어온다.

이 길은 또 타우코코푸Taukokopu라는 인물을 생각하게 한다. 그는 고대 마오리족의 전사이자 달음박질로 유명했던 사람으로서 해안의 높은 지역을 뛰어다니며 적들이 가까이 오는지 살피고 그것을 부족민들에게 미리 알려주었다. 얼마쯤 가다 보면 그 지역 마오리 공동체의 오마하 마라에 Omaha marae(만남의 집)가 나타난다. 이곳에서는 안장을 풀어 말에게 풀을 먹이고, 카랑가 karanga(외치는 의식)라는 전통 환영식을 경험할 수 있다.

한 여자가 손님들에게 마라에로 들어오라고 외치고 나면 이번엔 남자들이 역사에 관한 이야기를 들려주고 환영한다고 말한다. 이야기가 끝나면 손님들은 안으로 초대를 받고 주인들은 그들과 코를 맞대는 인사를 한다. 홍이 hongi라고 부르는 이 의식은 주인과 손님이 같은 숨을 쉼으로써 하나가 된다는 뜻이다.

파키리에서 남쪽으로 5시간 정도 말을 타고 가면 보이는 마라에는 바위 절벽 위에 자리잡은 소박한 현대식 건물이다. 담요와 침낭 속에서 몸을 움츠리며 보내는 하룻밤은 고급스럽지는 않지만 특별한 경험이다. 마오리족의 전설에 따르면 마라에에서 잠을 자면 정령(精靈)들의 축복을 받는다고

말을 타고 파키리 해변에 들어서는 모습

파키리 해변 뒤쪽의 사구를 따라 달리는 모습

한다. 며칠 동안 말을 타면서 신선한 바다 공기를 실컷 마시고 달리는 전사들의 전설을 들으며 축복까지 받는 셈인 것이다.

ⓘ **여행정보**

노스아일랜드에는 승마 여행상품을 제공하는 여행사들이 많다. 파키리 비치 호스 라이드 Pakiri Beach Horse Rides 사는 마오리 족장 테 키리의 직계 후손인 랠리Laly와 샬리 헤이든Sharley Haddon이 운영하는데 여행의 처음부터 끝까지 가이드가 동행한다. 승마는 당일 여행에서부터 5일짜리 테 키리 워리어 트레일과 7일짜리

그레이트 노던 코스트 투 코스트 Great Northern Coast to Coast 코스를 비롯해 숙박을 하면서 전 지역을 온전히 횡단하는 원정에 이르기까지 다양하게 선택할 수 있다. 숙박시설은 가정집과 마라에, 그리고 지역 농장들을 다양하게 이용할 수 있다. 뉴질랜드 항공은 오클랜드로 매일 운항한다.

만리장성을 따라 걷는 여행

중국 금산령에서 사마대까지

그 어마어마한 규모 때문에 우주에서도 보인다는 만리장성은 따로 소개가 필요 없을 것이다. 만리장성을 따라 걷노라면 단호한 표정의 중국 병사들과 돌진하는 몽골 무리들의 모습, 그리고 오만한 방어와 무익한 공격에 대한 환상이 떠오른다. 중국을 찾는 사람이면 누구나 만리장성을 염두에 두지만 관광객들이 많이 몰리는 장소를 피하려면 금산령 Jinshanling의 성에서 출발하는 것이 좋다.

동쪽의 산하이관 Shanhai Pass에서 서쪽의 자위관 Jiayu Pass까지 중국 북부의 거칠고 험준한 산맥과 사막 및 초원을 가로지르며 6,700킬로미터 이상 뻗어 있는 만리장성은 건설에 약 2천 년에 걸쳐 건설되었다. 가장 인기 있는 구간을 꼽자면 팔달령 Badaling이겠지만 재건된 부분이 많고 관광객들도 많아서 본 모습을 느끼기는 어렵다. 오히려 비교적 몸이 튼튼한 사람

금산령 근처의 험준한 산들 위로 구불구불 이어진 만리장성   만리장성에 늘어서 있는 감시탑들

  에게는 금산령에서 사마대 Simatai까지 12킬로미터의 구간이 더 좋을 것이다. 험하고 거칠면서 황폐한 자연의 향취가 만리장성과 그 주변 지역에 그대로 남아 있다.
  허베이 Hebei 성(省)에 속하는 금산령은 베이징 Beijing에서 북쪽으로 약 120킬로미터 떨어진 곳인데 베이징의 많은 여행사들은 이곳에다 관광객들을 내려주고 오후에 사마대에서 다시 태워간다.
  금산령의 문을 통과하면 곧바로 만리장성이 보이지만 첫 번째 계단에 올라 뱀처럼 구불구불한 모양에 총안(銃眼)을 가진 기다란 성의 모습을 보면 저절로 감탄하며 걸음을 멈추게 된다. 눈길이 닿는 멀고 먼 산마루 윤곽에도 높은 봉우리마다 육중한 감시탑을 씌운 이 엄청난 토목공사의 결과물

산이 많은 중국 북부에 성을 짓느라 많은 사람들이 희생되었다

사마대 근처에서 바라본 만리장성

은 마치 중력을 거부하는 듯 높이 올라가는가 하면 익스트림 스키를 타도 좋을 만큼 가파른 사면을 따라 아래로 내려가는 모양을 하고 있다.

만리장성의 기원은 진 왕조 때인 BC 214년 이후지만 원래 춘추시대(BC 770년~BC 476년)말 전쟁을 일삼던 왕조들이 별개의 성벽들을 세웠다. 그러다가 진시황제의 지휘로 기존의 성벽들 대부분이 연결되었고 전체 길이도 늘어났다. 적들은 산을 넘어오느라 지친데다 7~8미터 높이의 성벽을 공격해봤자 아무 소용이 없었으니 끝모를 절망감을 느꼈으리라.

칭기즈 칸이 이끄는 악명 높은 몽골의 무리들조차 1215년 베이징을 점령하기 전에는 이 성벽을 돌파하기 위해 무진 애를 써야 했다. 할아버지의 중국 정복을 완수한 칭기즈의 손자 쿠빌라이 Kublai가 원 왕조를 세웠다. 하지만 그 원나라가 1368년에 무너지자 명나라 황제들은 16세기와 17세기 초에 걸쳐 특히 만주 사람들을 막기 위해 엄청난 속도로 성벽을 강화시킨 것이다.

첫 출발지인 금산령은 성벽이 견고하기 때문에 감시탑 사이를 잇는 무수한 계단을 오르는 데 도움이 된다. 중국의 국력이 절정에 달했을 때는 백만이 넘는 대군이 적들에 대항해 만리장성을 지켰다. 끝없이 황량하게 펼쳐진 험한 산허리를 감시탑에서 내려다보면 특히 겨울에 북쪽에서 몇 달 동안 걷거나 말을 타고 달려와 공격을 감행했을 적군의 고통을 상상할 수 있다. 각 감시탑이 광범위한 지역을 두루 지켜볼 수 있는 위치에 세워졌을 뿐 아니라 말을 탄 전령들이 다른 구간을 지키는 병사들에게 경보를 발할 준비가 되어 있었으므로 중국 측이 전적으로 유리할 수 있었다.

사마대가 가까워 오고 벽돌로 만들어진 이 거대한 용의 크기에 대해 감이 오기 시작할 무렵이면 - 다리의 통증만 느껴진다 하더라도 - 허물어진 성벽이 모습을 드러낸다. 걸어 다니기가 너무도 불안한 몇몇 지역은 길이 산허리 주변으로 흩어져 있어서 위압적인 벽돌 성벽을 적의 관점으로 보게 된다.

현재 사마대에는 현대식 선개교(旋開橋)가 강에 놓여져 있고, 모험심이 강한 사람들은 마지막이라는 생각으로 박쥐처럼 지프 와이어를 타고 마을로

사마대까지 걷는 길은 다른 구간과 달리 사람이 많지 않다

중국

내려가기도 한다. 하지만 세계에서 가장 위대한 유물 가운데 하나인 만리장성과의 만남을 그렇게 급한 하강으로 망치는 것은 권하고 싶지 않다.

ⓘ 여행정보

베이징의 많은 여행사들이 금산령이 포함된 인기 있는 구간의 여행상품을 제공한다. 무엇보다도 사마대까지 서둘러서 걷지 않도록 4~5시간가량 충분한 시간을 주는지 확인하는 것이 좋다. 장성의 길이 끊임없이 오르내리는 탓에 전진하는 속도가 더디기 때문이다. 여행을 출발할 때부터 현지 '가이드들'이 끈질기게 달라붙어 엽서와 책을 권하겠지만 무시해라. 길은 곧게 나 있고 책들은 너무 비싸다. 무시하고 지나가면 그들은 결국 장사를 위해 다른 곳으로 갈 것이다.

사마대 근처의 허물어진 성   사마대에서 다리를 건너는 모습

금산령에서 사마대까지 걷는 길은 상당한 수고를 필요로 한다 ▶

들꽃과 인사하기

크레타 섬 팔레오코라

깅길로스 산 정상을 거니는 모습

    식물계의 '갈라파고스'라 불리는 그리스의 크레타Crete 섬은 봄철에 무성하게 피는 독특한 들꽃들로 유명하다. 이런 크레타 섬의 오솔길을 둘러보기 위한 이상적인 기지가 바로 남서해안의 작은 만에 감추어진 팔레오코라Paleochora다. 이곳에서 출발해 꽃길을 따라 걷다 보면 희귀한 난초나 어여쁜 나리가 인사를 건네 오고, 한적한 해변과 굴곡 많은 산, 유럽에서 가장 긴 협곡을 지나는 동안 고대 문명의 흔적이 자취를 드러낸다. 이 여행은 비록 식물학에 조예가 깊지 않더라도 두고두고 기억할 만하다.

지금의 크레타 섬은 그리스의 다도해 최남단에 위치한 커다란 섬이지만 약 1,000만 년 전 주변 대륙에서 떨어져 나왔다가 지중해의 융기로 고립된 적이 있었다. 이 섬에만 피는 들꽃이 이상할 정도로 많은 것은 그 고립 기간이 길었기 때문이다. 이곳에서만 볼 수 있는 식물은 약 170종에 이르는데 해마다 새로운 종류가 발견되어 점점 더 수가 늘어나고 있다.

  크레타 섬을 둘러보면서 꽃에 대해 알아가는 것은 혼자서도 얼마든지 할 수 있지만 이 섬의 식물상(植物相)을 연구하는 제프 콜먼Jeff Collman 같은 식물학자가 곁에 있다면 귀중한 경험을 할 수 있을 것이다. 콕 찍어서 알려주는 전문가 없이는 이곳에서만 자라는 우아한 황금(黃芩)〔학명 Scutellaria sieberi〕을 비롯한 많은 식물들을 놓치기 십상이다.

◀ 사마리아 협곡에 핀 들꽃들

크레타 섬

크레타 에보니 (학명 Ebenus cretica)

　첫 코스로는 해안가의 팔레오코라에서 출발해 북동쪽으로 5킬로미터 떨어진, 시간이 멈춘 듯한 아니드리 Anidri 마을까지의 경로가 좋다. 이 마을에는 회칠이 된, 아기오스 게오르기오스 Agios Georgios의 비잔틴 교회가 있다. 이곳은 13세기의 프레스코 벽화들과 외벽 곳곳에 붙어있는 자주색 꽃을 피우는 크레타 월 레티스 (학명 Petromarula pinnata)가 있어 들러볼 만하다.

　굽이진 올리브 숲을 지나 마을 언덕으로 올라가면 조그마한 교회와 지중해가 내려다보이는 시원한 풍경이 눈에 들어온다. 여기서부터는 분홍색 협죽도 (夾竹桃) (학명 Nerium oleander)가 시선을 끄는 좁은 협곡 사이로 내리막이 펼쳐지고, 나중에 기알리스카리 Gialiskari 해변에 다다르면 시원하게 수영을 할 수도 한다.

　팔레오코라를 본거지로 삼아 동쪽으로 17킬로미터 떨어진 수기아 Sougia에서 출발하는 해안가 코스 역시 멀지만 최상의 코스라 할 만하다. 일단 이 아름답고 외딴 어촌 마을까지는 잠깐 페리를 타고 간다. 출발 지점은 터키 소나무 (학명 Pinus brutia)가 가득하고 갈수록 깊어지는 고요한 협곡이다. 이곳의 돌출된 높은 벼랑에서는 톱니 모양의 파란 꽃잎과 가시가 달린 치커리 (학명 Cichorium spinosum)와 가냘프게 꽃이 핀 서양풍조목 (학명 Capparis spinosa) 같은 매력적인

스파이니 골든 스타 (학명 Asteriscus spinosus)

센타우레아 라파니나 (학명 Centaurea raphanina)

스노 크로커스 (학명 Crocus sieberi)

핑크 록로즈 (학명 Cistus creticus)

사마리아 협곡이 시작되는 깅길로스 산을 내려가는 모습

길을 표시하는 돌무더기 또는 케른

종들을 볼 수 있다.

　길을 대략 반쯤 왔다 싶으면 나무 없는 고원 지대가 아래로 뚝 떨어져 해안의 우묵한 지역으로 이어진다. 이곳은 그리스인과 로마인이 정착해서 살았던 리소스Lissos다. 작은 원형극장과 아스클레피오스Asklepios 신전의 모자이크, 파나기아Panagia와 아기오스 키리아코스Agios Kyriakos의 교회, 그리고 로마인의 서늘한 공동묘지를 들러보면 지키는 사람도, 찾는 사람도 없는 이곳이 그 동안 얼마나 고요했을지 짐작할 수 있다. 이제 팔레오코라로 돌아가려면 다시 고원에 올라 유혹적인 해변이 펼쳐진 들쑥날쑥한 해안선을 따라가야 한다.

　크레타 섬에서 가장 유명한 두 가지 여행 경로 - 산으로 올라가는 것과 협곡으로 내려가는 것 - 는 팔레오코라에서 쉽게 갈 수 있는 오말로스 마을 위쪽의 '하얀 산맥'(레프카 오리 Lefka Ori)에서 시작된다. 하얀 산맥에 속한 깅길로스 산(2,080미터)은 길이가 17킬로미터로 유럽에서 가장 긴 협곡이면서 크레타 섬에서 가장 인기 있는 산책로인 사마리아 협곡Samaria Gorge의 가파른 절벽 위에 있는 거대한 봉우리이다.

　좀더 힘든 코스는 깅길로스 산을 오르는 길이다. 아치형 자연 암석이 절정을 이루는 바위투성이 지형을 가로질러야 하기 때문이다. 무거운 발걸음을 옮겨 지그재그로 한참을 오르다 보면 리노셀리 Linoseli 골짜기가 나오고 여기서부터는 정상까지 한 시간 정도를 걷기도 하고 기어오르기도 해야 한다. 이 길을 가는 동안에는 앵큐사(학명 Anchusa caespitosa)와 크레타 튤립(학명 Tulipa cretica)처럼 높은 곳에서만 자라서 추위에 강한 크레타 섬 특유의 식물들을 볼 수 있다. 혹시 그것만으로도 만족할 수 없다면 맑은 날 정상에서 눈이 부신 광경을 보는 것도 좋다.

사마리아 협곡과 사마리아 국립공원 Samaria National Park이 유네스코 생물권 보존지역 Biosphere Reserve에 속하는 것은 당연한 일이다. 왜냐하면 그 협곡은 단순히 멋진 산책로가 아니라 봄철에 들꽃이 피는 세계 최고의 산책로이기 때문이다. 해발 1,300미터에서 시작되는 이 길은 울창한 소나무 숲을 통과해 1,000미터를 내려와 협곡의 기슭에 닿는다. 물을 건넜다가 다시 넘어오기를 되풀이하면서 작은 교회와 비려진 마을을 지나는 동안 숲의 빈자리는 피오니(학명 Paeonia clusii)와 흰 꽃이 피는 아스포델(학명 Asphodelus aestivus)이 가득 채운다.

길이 끝나는 아기아 루멜리 해변에 도착하면 뜨거운 날씨 속에 오랜 시간을 걸어온 여행자들은 하이킹 부츠와 배낭을 벗어 던지고 시원한 물속으로 뛰어든다. 들꽃을 발견하는 재미도 이때의 즐거움만큼은 못하다.

킹길로스 산의 오랜 사이프러스 나무

리소스 교회의 대리석 원형

ⓘ 여행정보

『크레타의 봄꽃 산책 Walk with Crete's Spring Flowers』『비치우드 프레스 Beechwood Press 출간』의 저자인 식물학자 제프 콜먼과 동행하는 들꽃 여행은 프리랜스 홀리데이 Freelance Holidays 사에서 제공하는 상품이다. 초봄에도 온도가 치솟을 수 있다는 것과 크레타 섬의 높은 산에서는 쉴만한 그늘이나 물을 구할 곳을 찾기 어렵다는 점도 기억하자. 사마리아 협곡에는 관광객들이 많이 몰리는데 한여름이 특히 심하다. 연중 언제든 아침 일찍 길을 나서면 자연에 대한 감수성이 풍부해진다.

낙원을 발견하다

몰디브 도니 미그힐리

파란 바다로 둘러싸인 스파에서 마음껏 몸을 담글 수 있는 낙원. 수정처럼 맑은 몰디브 바다에 떠 있는 한가로운 섬 도니 미그힐리 Dhoni Mighili는 우리가 꿈꿔왔던 바로 그곳이다.

인도양에 찍힌 조그마한 점, 도니 미그힐리('배 같은 섬')는 모래사장을 한 바퀴 빙 도는 데 800보면 충분한 곳으로 사치스러운 여유를 느낄 수 있는 꿈같은 세계. 이곳은 방갈로가 6채밖에 없는 관계로 한 번에 12명 이상 손님을 받지 않기 때문에 하얀 모래사장과 반짝이는 옥색 바다를 독차지할 수 있다.

말레 Male의 공항에서 출발해 30분간 수상비행기를 타고 목걸이 같은 환상(環狀) 산호섬들을 넘어가거나 도니 dhoni라고 불리는 몰디브의 전통적인 돛단배를 타고 4시간을 항해하면 그곳에 갈 수 있다.

인도양의 작은 섬 도니 미그힐리는 낙원과도 같은 곳이다

아름답게 깎아 만든 나무배, 도니는 길이가 20미터이고 2개의 돛이 달려 있다. 이 배를 만든 이유는 여행과 탐험을 즐기기 위함이지만 손님이 방갈로를 벗어나고 싶어할 때 배 위에서 지낼 수 있도록 배려해주는 역할도 한다.

고상 Sublime, 고요 Serenity, 꿈 Dream, 열정 Passion, 유혹 Seduction, 행복 Bliss 같은 아름다운 이름을 가진 배 위에 오르면 가까운 섬으로 놀러가거나 스노클링을 하러 갈 수도 있고 크고 푹신한 침대의자에 누워 한잔의 와인을 즐기거나 한가로운 갑판 위를 서성거릴 수 있다.

긴장은 뭍에서도 풀 수 있다. 물이 쏟아져내리는 전용 풀에 몸을 담그거나 방갈로의 그늘진 정원에서 몸을 누여도 좋고 몰디브 가정에서 전통적

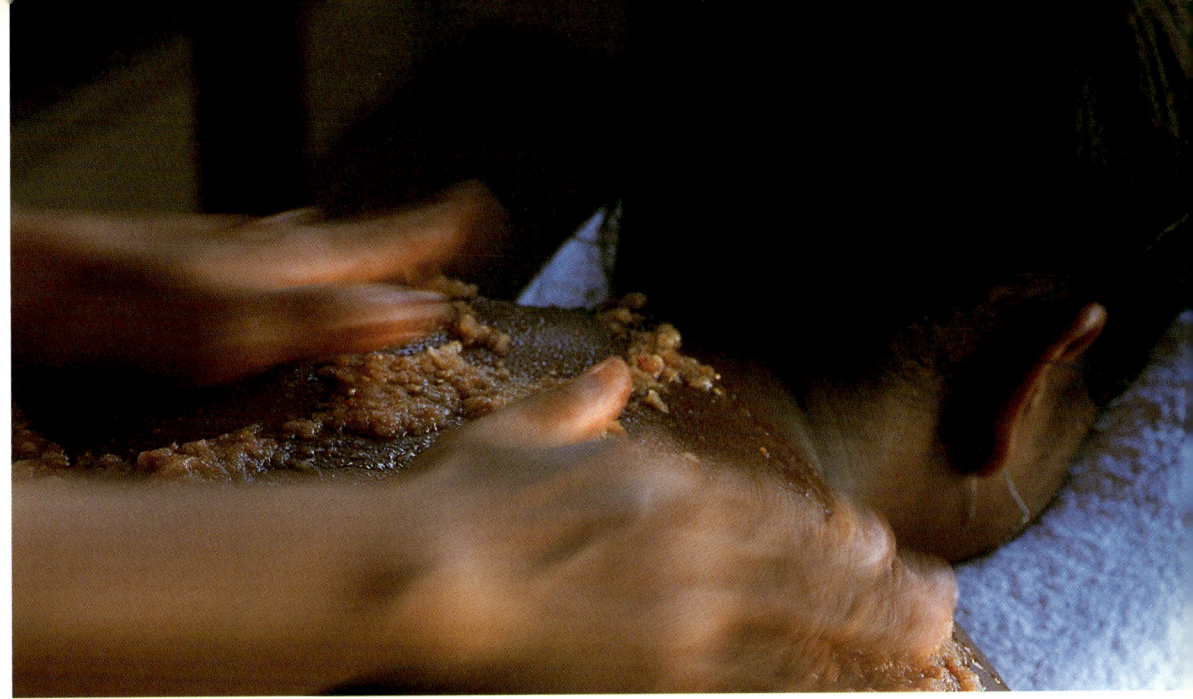

스파 요법의 하나인 '전우주적 행복' 요법

발을 담그는 스파 용기

으로 사용하는 고급 목재 흔들침대, 운돌리 undholi에 누워 잠을 자도 좋다.

섬에 머무르는 동안은 자신만의 타쿠루 thakuru(집사)가 하루종일 편의를 봐줄 뿐 아니라 전통적이고 화려한 문두 mundu(사롱)로 말끔하게 차려입은 캡틴과 2명의 직원들도 항상 대기하고 있다. 그야말로 '언제 어디서나' 서비스인 것이다. 석양을 바라보며 배를 타고 싶거나 한밤의 별빛 아래 촛불을 켜고 식사를 하고 싶다면 하면 그만이다.

모험심이 강한 사람들은 파도타기와 뗏목타기, 그리고 카약을 즐길 수 있고, 몰디브의 바다 속을 보고 싶어하는 사람을 위해 잠수 학교도 마련되어 있다.

그저 긴장을 풀고 마음 편히 지내는 것이 원이라면 센 스파 Sen Spa를 이용하면 된다. 바다가 내려다보이는 실내외 스파 휴양실에서 부드럽게 밀려왔다 쓸려가는 파도 소리를 듣고 있노라면 스르르 밀려드는 잠을 물리치기 어렵다.

스파 프로그램에는 '전우주적 행복'이라는 재미난 이름의 전신요법이 있는데 그 효과가 이름만큼이나 훌륭해서 피부를 문지르거나 닦고 매끄럽게 가꾸는 동안 마치 새 피부가 된 느낌이 든다.

또한 비행기를 타고 오랜 시간을 날아서 몰디브까지 왔다면 뜨거운 돌을 이용하는 '시차 피로 회복' 요법을 받아보자. 이것은 뜨거운 검은색 현무암을 이용해 줄어든 에너지를 회복시키는 요법이다. 코코넛, 파파야, 파인애플을 비롯한 신선한 과일들로 이루어진 열대과일 마사지 재료는 그냥 먹

◀ 인도양의 작은 점 도니 미그힐리는 낙원과도 같은 곳이다

몰디브

어도 좋을 만큼 신선하다.

　와인이 곁들여진 식사는 당연히 도니 미그힐리 체험의 핵심이고, 사방이 바닷물이니 메뉴에 해산물이 가득한 것도 놀랄 일은 아니다. 매끼니 먹을 수 있는 풍부한 열대과일에서도 이국적인 정취가 느껴진다.

　이곳에 도착하기 전에 좋아하는 음식과 싫어하는 음식이나 따로 요청할 부분이 있는지 물어보는 것은 짧은 통보만으로도 상주하는 요리사가 손님이 좋아하는 음식을 서둘러 만들어낼 수 있다는 뜻이다. 식사 장소는 레스토랑이든 도니의 갑판이든 아니면 해변의 한적한 장소든 마음껏 선택할 수 있다. 심지어 어떤 사람들은 바닷물 안에 상을 차려 달라고 부탁하기도 한다.

　도니 미그힐리에 가면 쉽게 긴장을 풀고 마음의 여유를 가질 수 있다. 아마도 이곳에서 가장 어려운 일은 이 낙원을 떠나야 하는 일일 것이다.

전통적인 도니 배들 위로 비치는 석양

ⓘ 여행정보

몰디브의 여행사와 리조트는 선택의 폭이 넓어서 다양한 예산에 맞게 고를 수 있다. 전문 여행사인 시즌 인 스타일 Season in Style은 도니 미그힐리로 가는 맞춤 일정표를 제공한다. 그리고 만약 또 하나의 잊지 못할 체험을 하고 싶다면 도니 미그힐리를 관리하는 회사가 북 말레 산호섬 North Male Atoll의 후바펜 푸시 Huvafen Fusshi에 세계 최초의 수중 스파를 개장했다는 것을 기억하기 바란다. 몰디브의 수도 말레의 국제공항에서 고속정으로 30분 거리에 있는 이곳에서는 놀라운 바다 속 세계를 구경하면서 스파 요법을 받을 수 있다.

수크에서 쇼핑을

모로코 마라케시

선명한 색감이 넘실대는 복잡한 수크 souk, 메디나 medina의 붉은 벽, 수많은 향신료가 내뿜는 오묘한 향, 흥미로운 이야기를 들려주는 이야기꾼, 불꽃을 삼키는 곡예사, 그리고 뱀을 부리는 피리꾼의 피리 소리. 이 모든 것이 어우러진 마라케시 Marrakech는 염가의 물건을 살 수 있는 세상에서 가장 이국적인 곳이다.

수세기 동안 이 도시는 누구나 아는 교역의 중심지였다. 중앙 광장 제마 알프나 Jemaa El Fna 에는 부근의 아틀라스 산맥 Atlas Mountains에서 온 베르베르인과 아랍인, 유목민과 부족민이 모여들었고 팀북투 Timbuktu와 이집트, 그리고 유럽에서 온 상인들도 이곳에서 금과 은, 솜,

눈요기 풍경이 시작되는 제마 알프나의 황혼

노예, 향신료를 사고팔았다. 오늘날에도 이 풍경은 거의 변함 없어서 메디나라고 불리는 마라케시의 구시가(舊市街)를 찾는 이유는 여전히 쇼핑이다.

　제마 알프나 광장에서 북쪽으로 뻗어 나온 미로 같은 골목들은 시장을 뜻하는 수크의 한가운데로 연결된다. 골목 양편에는 벽장 같은 작은 가게들이 줄지어 다닥다닥 붙어 있고, 장사치들은 손님의 주목을 끌려고 부단한 경쟁을 벌인다. 그들은 한때 마라케시의 행상인들처럼 강압적인 판매 수완으로 악명을 날렸지만 이제는 시대가 변했다. 지금은 사복 차림의 관광지 경찰 제도가 도입되어 미술품과 공예품의 거래가 한결 수월해졌다.

모로코

수크에서는 금속이나 가죽 세공품을 진열하면서 양탄자를 걸어놓기 때문에 하늘이 가려져 있다. 그래서 이처럼 어둡고 좁은 골목이 꼬불꼬불 이어진 곳에서는 길을 잃기 쉽다. 다닥다닥 붙은 수많은 가게들은 전통적인 버부시 babouche(밝은 노란색의 슬리퍼)에서부터 장식용 철제품에 이르기까지 온갖 물건들을 팔기 때문에 구경에 정신을 팔다 보면 소지품 잃어버리기 십상이다. 그리고 대개는 길을 가다 다음 모퉁이를 돌아도 또 다시 낯익은 장소가 나타난다.

다 레 시고뉴의 비단 방석

수크에서 파는 버부시 슬리퍼

수크 북동지역의 루 세마인 Rue Semaine에서 떨어져 나온 라바 케디마 Rahba Kedima('옛 장소')는 놓치지 말아야 할 장소다. 이곳에서는 약초상들이 온갖 질병과 질환에 효험이 있는 물약과 피부약, 그리고 향신료를 팔고 있어 검은 전갈과 병에 담은 거머리, 심지어 말린 카멜레온까지도 약용으로 구입할 수 있다. 그리고 약보다는 목과 어깨에 안마를 받으러 오는 사람들도 있는데 이곳에서 시술하는 안마는 간단해보이지만 효과가 뛰어나다.

수크의 소란스러운 열기 때문에 물건을 사려는 마음이 수그러들었다면 다시 제마 알프나 광장으로 돌아가자. 그곳에는 그늘 아래 차려진 많은 노천카페들이 산뜻한 민트 차를 팔고 있다. 아니면 주변에 늘어선 오렌지 수레에서 싱싱한 주스를 맛보는 것도 좋다.

광장이 정말로 술렁이기 시작하는 것은 해질 무렵이다. 음악을 연주하는 사람, 밝은 차림새로 물을 파는 사람, 춤을 추는 사람, 편지를 대신 써주는 사람, 이를 뽑아주는 의사, 그리고 헤너로 문신을 새겨주는 사람까지 온갖 군상들이 이곳에 모여든다. 또 해가 떨어지면 노천 식당들이 곧바로 중앙 무대를 차지한다. 깔끔하고 가지런히 줄을 맞춘 의자와 불 켜진 등을 매단

수크에서 파는 향기 주머니

활기가 넘치는 마라케시의 수크

줄, 흰 천으로 덮은 탁자, 그리고 샐러드며 쿠스쿠스, 양고기 꼬챙이를 가득 담은 접시들이 서둘러 준비되고 짙은 연기와 유혹적인 냄새가 진동한다.

둔중하게 울리는 북소리, 버들 광주리 속 뱀들을 유혹하는 고음의 악기 소리, 물건을 파는 노점상들의 고함 소리, 불꽃이 타오르며 나는 소리, 그리고 식당에서 껍질째 요리되는 달팽이 소리. 이 모든 소리에 취하게 되는 제마 알프나는 '죽은 자들의 모임'이라는 뜻이지만 사실 저녁마다 활기가 넘치는 곳이다.

좀더 한가로운 풍경을 보고 싶다면 글레이서 카페 Café Glacier의 전망대를

메디나에서 볼 수 있는 전통적인 붉은 담벼락

총안(銃眼)이 있는 다 레 시고뉴의 지붕

권한다. 여기서는 광장뿐 아니라 메디나 중앙에 있는 또 하나의 중요한 볼거리인 쿠투비아Koutoubia 사원도 함께 볼 수 있다.

만약 부산함에서 완전히 벗어나고 싶다면 마라케시의 리아드riad – 안뜰에 둘러싸인 전통 가옥 – 에서 위안을 얻을 수 있다. 최근에는 많은 리아드들이 멋진 부티크 호텔로 개조되었다. 전형적인 리아드는 단단하고 두꺼운 나무문 뒤에 가려져 미술관 같은 실내를 가진 피난처가 있다는 사실을 짐작할 수 없다. 방들이 안뜰 주위에 있기 때문에 모든 창문은 안쪽을 향해 이 멋진 내부의 성소를 건너다보고 있다. 리아드로 발을 들여놓는다는 것은 도시의 혼돈과 소음, 그리고 소란이 말끔히 사라진 안식에 들어간다는 뜻이다. 다시 쇼핑에 몰두할 때까지는 여기서 긴장을 풀고 휴식을 취하면 된다.

수크에 있는 사원의 문   다 레 시고뉴의 화려한 천장과 등

ⓘ 여행정보

로열 에어 마로크 Royal Air Maroc를 비롯한 여러 항공사들이 마라케시로 매일 운항한다. 로열 궁전 Royal Palace과 바디 궁전 Badi Palace 맞은편에 있는 다 레 시고뉴 Dar Les Cigognes는 마라케시의 호화로운 리아드 중 하나다. 17세기 어느 상인의 집이었던 이곳은 세심한 복원 과정을 거쳤다. 방은 개별적으로 꾸며졌는데 그 중에는 사막의 풍경을 벽화로 그려놓은 인상 깊은 사하라실(室)과 가구 및 장식물이 붉은색과 황금색으로 꾸며진 하렘실이 있다. 다 레 시고뉴라는 이름은 담벼락에 둥지를 튼 황새들 때문에 생겼다('다'는 '집'을 가리키는 아랍어고 '시고뉴'는 '황새들'을 뜻하는 프랑스어다). 수크의 복잡한 골목을 돌아다닐 때는 현지의 가이드가 도움이 된다.

수크에서 볼 수 있는 우편함과 가죽 발판

검은꼬리누를 따라가다

탄자니아 세렝게티

세렝게티 Serengeti의 대평원을 가로지르는 수천 마리의 검은꼬리누 떼를 따라가는 여행은 지구상에서 거의 사라진, 동물의 대이동 장면을 볼 수 있는 놀라운 기회다. 검은꼬리누뿐 아니라 얼룩말과 톰슨가젤의 무리가 1,450킬로미터에 이르는 긴 이동에 동참하는 모습을 볼 수 있는 곳은 세계 어디에도 없다. 180만 마리로 추산되는 검은꼬리누가 늘 이동하며 세렝게티를 돌아다니는 것은 넉넉한 풀밭을 찾기위한 끝없는 탐색 활동이다.

물을 찾아 달려가는 검은꼬리누

높은 내륙고원에 자리잡은 세렝게티가 국립공원으로 지정된 것은 1951년이었고, 30년 뒤에는 유네스코 세계유산지역이자 생물권보존지역으로 지정되었다. 탄자니아 최초의 국립공원이자 최대 규모를 자랑하는 이곳은 거의 15,000평방킬로미터에 이른다. 검은꼬리누의 이동을 따라가다 보면 사파리 '5대 동물' – 사자, 코끼리, 들소, 표범, 코뿔소 – 외에도 세렝게티에 사는 다양한 동물들을 구경할 수 있다.

   사냥감을 잘 찾아내기 위해 특수 제작된 사파리용 사륜구동차를 이용하면 누 떼의 대규모 이동을 안전하게 따라갈 수 있다. 또한 의사소통에 능한 현지 정보인과 가이드, 그리고 운전사가 동물들의 움직임을 날마다 면밀히 감시하기 때문에 이들을 발견할 가능성은 높다.

◀ 얼룩말들이 세렝게티 초원의 외딴 나무 아래 몸을 숨기고 있다

한낮의 열기가 한창일 때면 사자들은 종종 그늘을 찾는다

드넓은 들판을 돌아다니는 기린

이동하는 누 떼를 보면 그 어마어마한 드라마에 몇 시간이고 마음을 빼앗긴다.

거대한 무리를 이루는 검은꼬리누는 허리까지 올라오는 황금빛 풀밭을 뛰어다니는 동안 발을 차고 굴리며, 특이한 형태로 머리를 들었다 내리고, 꼬리는 앞뒤로 휘두르면서 뿌연 먼지 장막을 일으킨다. 이동이 시작되면 수컷은 자신의 영역을 확보하고 발정 때 짝 지을 암컷을 가능한 한 많이 확보하기 위해 싸움을 벌인다. 이동 중에는 수천 마리의 발굽 소리 위로 수컷 특유의 나지막한 울음소리가 울려 퍼지는데, 소수의 성공적인 수컷들이 2~3백 마리의 암컷들을 돌보는 모습을 볼 수 있다.

이동 시기는 해마다 비가 내리는 시점에 좌우된다. 이동은 일반적으로 수원(水源)이 마르는 5월, 남쪽의 초원에서 시작해 북쪽의 습지에서 그 막을 내린다. 그 과정에서 그루메티 강 Grumeti River을 지나고 웨스턴 코리더 Western Corridor 지역을 거쳐 마침내 6월쯤에는 케냐의 마사이 마라 국립보호구역 Masai Mara National Reserve에 도착한다.

검은꼬리누들은 이 모험 기간동안 사자, 하이에나, 자칼, 그리고 치타와 같은 육식동물들의 공격을 받는다. 또 물살이 거센 강을 건너야 할 때는 수많은 검은꼬리누들이 악어들에게 붙잡혀 죽는가 하면 광란 상태에서 맥없이 익사하는 경우도 많다. 11월에 떠나는 복귀의 여정도 위험천만이지만 암컷들이 새끼를 낳으려면 영양 섭취가 가능한 남쪽 초지로 돌아와야 한다.

검은꼬리누

   세렝게티라는 거대한 사파리 무대에서 활동하는 동물들 중에는 위협적인 뿔이 있으면서 성미가 변덕스러우며, 뭇 시선에 아랑곳하지 않는 육중한 물소가 있다. 또 드넓은 들판을 돌아다니며 기다란 목을 뻗어 아카시아 잎을 뜯어먹는 기린 떼가 있는가 하면, 구르고 두 발로 일어서서 싸우는 흉내를 내는 유쾌한 비비원숭이 가족들도 눈에 띈다.

   세렝게티는 특히 사자들로도 유명하다. 사자들의 길들여지지 않은 힘을 가까이에서 접할 수 있는 가장 좋은 곳이 바로 세렝게티다. 이곳에서는 태양 아래 늘어져 있거나 사냥을 마치고 거드름을 피며 식사하는 사자들을

공격에 대한 지각력을 높이기 위해 꼬리에 코를 대고 선 얼룩말들

탄자니아

독수리에게 훼방을 놓는 코끼리들

볼 수 있다. 밤이 되면 야영지 주변에서 외로운 수놈이 으르렁거리는 소리까지도 들린다. 하지만 쇼는 여기에서 그치지 않는다. 삼림지대를 지나는 코끼리들은 울음소리로 방해물을 쫓고 하마는 악어가 몰래 지켜보는 진흙탕에 뒹군다. 또 눈에 잘 띄지 않는 표범이 그늘을 찾아 슬그머니 나무 위로 올라가는 모습도 볼 수 있다.

　사륜구동차를 타지 않고 끝없이 펼쳐진 이 평원을 둘러볼 수 있는 방법은 열기구를 타고 하늘을 나는 것이다. 열기구를 타면 하늘의 고요함을 가

해질녘 아카시아 나무 밑에서 사자가 몸을 쭉 펴고 있다

차를 타고 가는 오후의 사파리가 인기다

고급 텐트 야영지에서 쉬는 모습

끔씩 깨뜨리는 버너 소리를 들어야 하지만 모든 전경을 한눈에 감상할 수 있다. 기구가 지구로 되돌아올 때는 바구니가 쿵 하고 땅에 부딪히더라도 키 큰 풀 뒤에 숨어 지켜보고 있을지도 모르는 동물의 시선이 더 신경 쓰일 것이다.

ⓘ 여행정보

브리티시 항공 British Airways을 포함한 여러 항공사들이 탄자니아의 수도 다르 에스 살람 Dar es Salaam에 취항하고 있다. 세렝게티 국립공원의 사파리 여행상품은 제공하는 여행사들이 많기 때문에 웬만한 예산이면 여행할 수 있다. 에버크롬비 앤 켄트 Abercrombie & Kent 사는 검은꼬리누의 이동을 따라가며 고급스러운 텐트에서 야영을 하는 사파리 여행상품을 제공한다. 사파리 생활 중에는 사냥감을 찾으러 새벽같이 일어나 차를 타고 나갔다가 야영지에 되돌아와 아침을 먹는 경우가 많다. 늦은 오후가 되면 한낮의 열기를 피해 그늘에서 쉬던 치타나 사자 같은 동물들이 다시 모습을 드러낸다.

인도 라자스탄
달리는 궁전에 몸을 싣다

라자스탄 Rajasthan은 '대왕'을 뜻하는 마하라자들의 화려한 궁전과 언덕 꼭대기에 세워진 요새, 인적 없는 사막, 그리고 활기 찬 도시들이 어우러진 땅이다. 라자스탄을 구석구석 둘러보고 싶지만 휴가가 딱 일주일뿐이라면 세상에 단 하나밖에 없는 기차, '달리는 궁전 Palace on Wheels'에 몸을 싣는 것이 가장 좋다.

인도 북서부에 위치해 서쪽으로는 파키스탄, 남쪽으로는 구자라트 Gujarat 주, 북쪽으로는 펀자브 Punjab 주와 하리아나 Haryana 주에 접하고 있는 라자스탄 주는 인도가 1947년에 영국으로부터 독립할 때까지 1000년 넘게 권력을 누렸던 지배 계급, 라지푸트족 Rajput의 본거지다. 중세 유럽의 기사들처럼 기사도의 규례를 지킨 라지푸트 족은 전설적인 용기와 유머 감각을 지니고 있었다. 그들은 침입자들에게 굴복을 당하느니 차라리 죽음을 선택하곤 했는데, 14세기에 한 번, 16세기에 두 번 치토르가르 Chittaurgarh 시가 포위당하자 여자들은 장

라지푸트족이 치토르가르에 건설한 이 요새는 면적이 279헥타르가 넘는다

조드푸르의 자스완트 타다 Jaswant Thada 기념관 안으로 들어가는 여성

작더미 위에 몸을 던져 집단 자살(자우하르 jauhar)을 감행했고 남자들은 그 시체들의 재를 뒤집어쓴 채 적과 파멸적인 상황에 맞서 싸웠다.

델리 칸트 Delhi Cant 역에서 달리는 궁전에 처음 들어서면 마하라자들이 그 기차에 오르던 시대로 거슬러 올라간 듯한 느낌이 든다. 진홍색 터번과 비단 허리띠로 화려하게 차려입은 승무원들은 안내를 하면서 짐을 날라다 주고는 마법처럼 사라졌다가 시원한 음료를 들고 다시 나타난다. 이 정도로도 왕족이 된 느낌이 들지 않는다면 마하라자나 마하라니 같은 호칭을 듣는다면 어떨까.

오늘날의 객차는 원래의 기차를 복제한 것에 불과하지만 마하라자들도 객차 안의 가구와 소품에 사용된 많은 재료와 디자인을 인정할 것이다. 각

요새에서 내려다본 푸른 담의 도시 조드푸르

우다이푸르의 레이크 펠리스 호텔에 있는 유리 모자이크

 객실에는 금색과 붉은색 술이 달린, 주름 잡힌 벨벳 장식보가 침대를 덮고 있고, 복도와 거실에는 왕궁 생활을 묘사하는 인도의 전통적인 잉크 그림들이 걸려 있다.
 델리의 교외 풍경이 시야에서 멀어지고 농부가 밭을 갈고 신성한 암소들이 먼지 속에 돌아다니는 탁 트인 시골 풍경과 철길 주변에 간간이 마을이 스친다면 바에 있는 편안한 의자에 앉아 진토닉으로 흥분을 가라앉히자. 기차는 우리가 자는 동안에도 델리 남서쪽으로 밤새 멈추지 않고 달려서 첫 번째 체류지인 자이푸르 Jaipur에 도착한다. 자이푸르는 낙타와 암소, 그리고 인도 어디에서나 볼 수 있는 엠배서더 Ambassador 자동차들이 복잡한 거리에서 경쟁을 벌이는 분주한 주도(州都)다.
 '핑크 시티 Pink City'라고 불리는 담으로 둘러싸인 오래된 도시로 진입할 때는 걸음이 재빨라야 인력거 운전수들과 물건을 강매하는 상인들을 피할 수 있다. 5층으로 이루어진 바람의 궁전(하와 마할 Hawa Mahal)은 이 도시에서 가장 화려한 분홍색 사암 건축물 중 하나다. 그 근처에 야외 조각 공원처럼 보이는 것은 잔타르 만타르 Jantar Mantar 천문대로서, 천체 계산에 여전히 사용되는 거대한 기구들을 모아놓은 곳이다. 자이푸르의 진짜 볼거리는 시내에서 약간 떨어진 높은 바위 절벽 위에 자리하고 있는 암베르 성 Amber Fort이다. 이곳에서 마하라자들의 생활상을 처음으로 확인할 수 있다.

서쪽으로 계속 달려가면 타르 사막Thar Desert의 한가운데 있는 '황금의 도시 Golden City', 자이살메르Jaisalmer에 도착한다. 황량한 풍경 속에 두드러지는 그 거대한 사암 요새는 햇빛을 받으면 황금색으로 빛나고, 그 아래쪽 도시는 마치 다른 세상처럼 보인다. 흔히 거대한 모래성으로 불리는 그 요새는 거리와 골목이 미궁처럼 얽혀 있다. 자이살메르 안에서는 풍부한 문양을 지닌 라자스탄 상인들의 집, 하벨리스havelies를 볼 수 있다.

주변에 펼쳐진 적막한 광야를 경험하려면 달리는 궁전에서 내려 '사막의 배'라고 하는 낙타로 갈아타고 자이살메르에서 40킬로미터 남짓 떨어진 샘Sam의 구불구불한 사구들을 둘러보면 된다. 낙타의 혹 위에 안장을 얹고 타서 어느정도 시간이 흐르면 위아래로 흔들리는 그 걸음걸이에 익숙

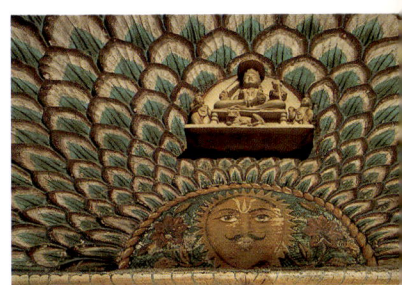

자이푸르 궁전의 공작새 입구

자이살메르의 화려한 하벨리스(상인들의 집)

인도

해진다.

 동쪽으로 가면 승마용 바지로 유명한 조드푸르 Jodhpu에서 다시 한 번 화려한 색감을 경험할 수 있다. '푸른 도시'로 알려진 그곳은 브라만 계급의 집임을 나타내는 짙고 선명한 푸른색의 현관문들이 곳곳에 강조점을 찍어 놓은 듯하다. 도시 위 산허리에는 메헤란가르 성 Meherangarh Fort이 포진해 있다.

 란탐보르 국립공원 Rathambhor National Park은 이런 도시의 풍경과 완전한 대조를 이룬다. 그곳의 호랑이들은 세계적으로 유명한데 – 이 힘센 고양이과 동물을 보기에는 인도에서 제일가는 곳이라 생각된다 – 우리는 전문 가이드와 함께 사파리 자동차를 타고 뒤좇았다. 갈색과 검은색이 뒤섞인 줄무늬 털가죽을 걸친 호랑이가 덤불 속에서 뛰쳐나오는 광경은 정말 흥미진진하다.

 다음날엔 또 다른 형태의 화려한 색깔이 우리를 기다린다. 그 장소는 바로 유명한 레이크 펠리스 호텔 Lake Palace Hotel의 푹신한 지붕 발코니와 강

레이크 펠리스 호텔에서 바라본 우다이푸르 시

우다이푸르 레이크 펠리스 호텔의 유리 모자이크

레이크 펠리스 호텔 지붕에서 바라본 우다이푸르

렬한 인상을 주는 정원이다. 이 호텔은 '동양의 베니스'로 일컬어지는 낭만적인 도시 우다이푸르 Udaipur의 피콜라 호수 Lake Pichola 위에 떠 있는 작 니와스 섬 Jag Niwas Island에 위치해 있다.

기차가 다시 델리로 향하더라도 아그라 Agra 시에 들러 인도에서 가장 아름다운 건축물인 타지마할 Taj Mahal을 둘러볼 시간은 남아 있다. 세계의 불가사의 중 하나로 손꼽히는 타지마할은 하얀 대리석으로 만든 모굴제국의 아름다운 영묘(靈廟)로서, 이 건축물은 자식을 낳다 죽은 아내에게 무한한 사랑을 표시했던 샤 자한 황제 Emperor Shah Jahan가 지은 것이다.

라자스탄 주를 둘러보는 방법은 여러 가지이지만 풍부한 역사를 지닌 그 곳의 문화에 푹 빠져 보려면 달리는 궁전을 타고 떠나는 것이 가장 좋다.

ⓘ 여행정보
'달리는 궁전'에 대한 예약은 아시아 전문 여행사 트랜스 인두스 Trans Indus를 포함한 여러 여행사들을 통해 할 수 있다. 몇 달 전부터 예약이 다 차는 경우가 많으므로 일찍 서둘러야 한다. 전체적인 여정은 일주일이지만 중간에 개인적인 계획을 위해 열차 내에서 하룻밤 이상 머무를 수도 있다. 웬만큼은 걸어야 하는 관광지가 많으므로 기온이 45도까지 이르기도 하는 연중 가장 무더운 시기(4~6월까지)는 피하는 것이 좋다.

우다이푸르의 레이크 펠리스 호텔

오지, 토레스 델 파인 트래킹

칠레 파타고니아

일주 코스에 있는 허술한 다리를 건너는 모습

톱날같이 날카로운 꼭대기가 하늘을 스치는, 토레스 델파인 Torres del Paine 국립공원의 붉은 화강암 봉우리들은 지구상에서 가장 험한 지역 가운데 하나인 파타고니아 Patagonia의 인기 있는 아이콘들이다. 지리적으로 멀고, 예측이 불가능하며 시선을 뗄 수 없는 매력을 가진 이 국립공원에는 그 어디에도 비길 데 없는 트래킹 코스들이 즐비하다. 이곳에는 빙산이 떠다니는 담청색과 옥색의 호수, 급류가 흐르는 강과 폭포, 그리고 남극을 제외하면 남반구에서 가장 크다고 하는 빙하들이 존재한다. 흔히들 토레스 델파인을 세계에서 가장 웅장한 국립공원이라 부르는 이유가 여기에 있다.

면적이 약 240,000헥타르에 달하는 이 유네스코 생물권 보존지역으로 가려면 대개 버스나 페리를 타고 푸에르토 나탈레스 Puerto Natales라는 소도시를 경유해야 한다. 칠레 파타고니아의 관문 푸에르토 몬트 Puerto Montt에서 남쪽으로 약 500킬로미터 떨어진 나탈레스는 '마지막 희망 해협'(세노 울티마 에스페란자 Seno Ultima Esperanza)의 바닷가에 자리잡고 있다. 별천지 같은 구름 모양과 무시무시한 폭풍에서부터 믿을 수 없을 만큼 아름다운 석양에 이르기까지 이 거대한 바다 자체가 하나의 볼거리다.

푸에르토 나탈레스로 가는 데 충분한 시간이 있다면 푸에르토 몬트에서 페리를 타는 것

◀ 눈길을 끄는 뾰족한 산 토레스에서 공원의 이름이 비롯되었다

칠레

이 좋다. 찰스 다윈Charles Darwin의 비글호Beagle가 누볐던 길을 따라 칠레 남서부 해안에 늘어선 수백 개의 섬들 사이로 요리조리 지나다 보면 빙산과 고래를 흔히 볼 수 있다. 파타고니아로 가는 환상적인 나흘간의 여정은 다른 어떤 뱃길 여행과 비교할 수 없다.

나탈레스에서 공원 입구까지 112킬로미터에 이르는 인적 없는 비포장

회색 빙하의 갈라진 표면

도로를 4시간 동안 버스로 달리다 보면 '멀다'라는 말의 의미를 자주 되씹어보게 된다. 그렇게 해서 일단 토레스 델파인에 들어서게 되면 험한 길을 좋아하는 여행자들은 파인 일주Paine Circuit를 떠난다. 6~8일이 걸리는 – 하지만 항법학상으로는 직선이다 – 이 대단한 코스를 시작하기 전에 미리 몸을 단련시키는 것이 좋다. 물론, 공원의 이름이 된 봉우리(토레스)까지 가는

길도 절대로 놓치지 말아야 하고 다른 길도 만만찮긴 하지만 이 일주 코스는 시간과 능력이 된다면 무조건 도전해봐야 한다. 하루나 이틀이 걸리는 토레스 코스는 일주 코스 전후로 다녀오면 된다. 만약 고독을 즐기고 싶다면 페리가 푸에르토 나탈레스에 의욕 넘치는 여행객들을 내려놓고 간 뒤 하루나 이틀이 지나기까지 일주 여행을 떠나지 않으면 그만이다.

회색 빙하는 거대한 남부 파타고니아 빙원의 일부다

날씨가 좋으면(가끔 눈 때문에 가장 높은 곳에 있는 고개가 막히곤 한다)100킬로미터에 이르는 일주를 하는 동안 파인 Paine 산괴(山塊)를 돌고 가로지르거나 넘게 된다. 이때는 시계 반대 방향으로 도는 것이 가장 좋은데, 그렇게 하면 풍경은 점점 좋아지고 길은 점점 더 험해진다. 도중에 풀이 무성한 초원을 만나기도 하고 작은 강을 건너기도 하며 딕슨 호수 Lago Dickson처럼

여행자들은 배를 타고 회색 호수Lago Grey를 건너면서 파인 산괴의 풍경을 볼 수 있다

회색 빙하를 내려다보는 모습

얼음으로 덮인 산들이 둘러싸고 있는 아름다운 오지의 호숫가를 걷기도 해야 한다. 라구나 시에테 페로스Laguna Siete Perros〔일곱 마리의 개〕 같은 호수들은 빙산으로 가득해서 산괴의 하부와 중부에 늘어선 빽빽한 숲들과 뚜렷한 대조를 이룬다.

높은 고개로 향하는 힘겨운 오르막이 몇 차례나 있고 몇몇 고개는 내리막이라 해도 경사가 가팔라서 피곤한 다리를 쉬게 하지 않지만 경치만은 언제나 매혹적이다. 표면이 갈라진 광막한 얼음계곡인 회색 빙하Glacier Grey를 내려다보는 순간 모든 아픔과 고통은 잊혀지고 만다. 한때 이 지역 전체를 감싸던 거대한 남부 파타고니아 빙원(氷原)이 남긴 이 빙하는 약 1,500년이 지났는데, 일정한 때가 되면 그레이 호수Lago Grey로 얼음 덩어리들을 흘려보낸다. 만약 그 장면을 보게 된다면 이 일주 여행에서 홈런을 친 셈이다.

고급스러운 분위기를 원하는 사람들에게 그레이 호숫가의 호스테리아 그레이Hosteria Grey는 눈에 띄지만 약간 볼품 없는 숙소다. 이곳은 정상적인 호텔 서비스를 위해 이중 유리로 바람을 막고 있다. 여기에서 시간을 다 보내라고 권하지는 않겠지만 여행 일정을 마감하기엔 분명히 이상적인 선택이다. 마음을 사로잡는 오지, 토레스 델파인은 단 한 번의 여행으로도 영원히 잊지 못할 추억이 될 것이다.

ⓘ 여행정보 ┈┈┈

파인 일주 트래킹을 할 때에는 예약이 필요한 오두막에서 잠을 자거나 야영을 해야 한다. 호스테리아 그레이도 미리 예약을 해야 한다. 토레스 델파인으로 가기에 가장 좋은 시기이자 사람들이 가장 많이 찾는 시기는 12월부터 3월까지다. 블루 그린 어드벤처 Blue Green Adventures 사는 트래킹, 자전거 여행, 승마 트래킹을 비롯해 온갖 종류의 모험 여행상품을 제공한다. 파타고니아 남쪽으로 가면 '다음 정거장이 곧 남극'이므로 여행 기간 동안 일부 불규칙한 날씨를 예상하고 또 대비해야 한다. 험한 날씨가 닥치지 않을 수도 있지만 닥칠 경우에는 바깥에 있어야 하는 상황이 비참하게 느껴질 것이다. 특히 바람이 맹렬하게 불 때가 그렇다.

딕슨 호수를 살펴보는 모습

노을이 진 에스피리투 산투 섬 칸델레로 만에서 패들을 저어 작은 섬으로 가는 모습

선인장이 자라는 사막의 산이 곧바로 옥색의 고요한 만(灣)으로 이어지고, 헤엄쳐 다니는 쥐가오리와 이동하는 범고래 떼가 있는 곳. 사람이 살지 않는 섬 에스피리투 산토 Espíritu Santo는 바다 카약을 즐기기에 세계에서 가장 좋은 곳이다. 길이가 32킬로미터에 조금 못 미치는 에스피리투 산토 섬은 썰물 때가 되면 좁은 지협을 통해 북쪽에 이웃한 파티다 섬 Isla Partida과 연결된다. 이 섬들을 품고 있는 반짝이는 코르테스 해 Sea of Cortes는 멕시코 본토와 손가락 모양의 바자 Baja 반도를 가른다. 이곳은 바닷물이 따뜻하고 10월에서 5월까지 풍부한 햇살이 보장되기 때문에 카약의 전복을 대비한 연습으로 몸이 젖더라도 아무 탈이 없을 것이다.

바자 반도에서 즐기는 바다 카약

멕시코 에스피리투 산토

이른 아침 에스피리투 산토 섬의 카약들

멕시코

해안 마을 라 파스 La Paz에서 북쪽으로 불과 29킬로미터 떨어진 화산섬 에스피리투 산토는 7백만 년 전 산 안드레아스 San Andreas 단층을 따라 발생한 파괴적인 지진으로 본토에서 분리되었다. 지협을 통해 물 밑으로 본토에 연결되어 있다고 하지만 느낌만큼은 그 어디와도 가깝지 않은 평화로

패들을 저어가며 칸델레로 근처 여러 색깔의 화산암석 옆을 지나는 모습

운 오지라고 할 수 있다.

에스피리투 산토로 가는 여행은 카약과 식량, 그리고 장비를 실은 '모선', 즉 작은 동력선에 오르는 보트 여행으로 시작된다. 배에는 대부분의 용품이 갖추어 있으므로 필요한 물건이 전부 제공되는 여행상품을 선택할 경우에는 카약을 탈 때 텐트나 음식을 가져갈 필요가 없다.

카약이 출발하는 장소로 인기가 높은 곳은 파티다 섬 북쪽에 있는 두 개의 작은 바위섬, 로스 이슬로테스 Los Islotes이다. 이곳은 현지 가이드들이 '멕시코의 눈'이라고 완곡하게 표현하는, 시끄러운 새들의 지독한 배설물로 뒤덮여 있다. 하지만 진정 흥미로운 것은 300여 마리의 캘리포니아 바다사자가 서식하고 있어 스노클링을 하는 동안 한 마리쯤은 마주칠 수 있

섬 곳곳에서 볼 수 있는 선인장

에스피리투 산토 섬에서 물 속에 들어가 기분전환을 하는 모습

다는 점이다.

　에스피리투 산토는 사람이 거주하지 않지만 수정같이 맑은 바다에는 생명이 가득하다. 큰 입술과 불규칙한 줄무늬를 가진 황소눈 푸퍼피시와 모나고 노란 꼬리에 무지개 빛 푸른 몸통을 가진 킹 엔젤피시 같은, 500종이 넘는 각양 각색의 열대어들이 카약 옆으로 지나가는 걸 보면 당장 닻을 내린 뒤 스노클링 마스크와 물갈퀴를 착용하고 잠수하고 싶어진다.

멕시코

해 뜰 무렵에 본 에스피리투 산토 섬의 선인장들   페리쿠 인디언 동굴에서 내려다본 만

    조금만 운이 따른다면 그보다 더 큰 바다동물들도 가까이에서 볼 수 있다. 코르테스 해에는 전 세계에 서식하는 고래와 돌고래의 3분의 1이 살고 있다. 1~3월까지는 회색고래와 혹등고래의 이동을 구경하기에 가장 좋고, 4~5월은 흰긴수염고래와 향유고래, 그리고 긴수염고래를 보기에 좋은 시기다. 번식을 하는 바다사자 떼와 기묘한 바다거북은 연중 어느 때라도 쉽게 찾아볼 수 있다. 하늘에서는 꼬리가 갈라진 군함새와 같은 바닷새들이 급강하와 급상승을 하는 것을 볼 수 있다. 먹이를 쫓아 물 속으로 들어가는 갈색 캘리포니아 펠리컨들이 카약을 타는 사람들의 눈길을 더 끈다. 물고기를 잡지 않는 펠리컨들은 종종 바위 위에 서서 보초를 서곤 한다.

    에스피리투 산토 섬 서부에서 약간 남쪽에 위치하고 캠프가 설치되어 있는 칸델레로 Candelero에서 진정한 여행의 만족을 느낄 수 있다. 섬에서 가장 아름다운 해변이라고 할 수 있는 이곳은 붉은빛의 바위 절벽으로 둘러싸여 있다. 또 들쭉날쭉한 산마루가 만을 가르고, 카르돈 선인장을 왕관처럼 쓴 손가락 모양의 바위가 바다 속으로 이어진다. 잠깐만 노를 저어도 손쉽게 다녀올 수 있는 3개의 작은 섬들은 낮엔 수평선에 녹아들어 있다가도 석양이 질 때면 아름다운 실루엣을 자아낸다.

이곳 해안을 따라 플라야 발레나 Playa Ballena를 향해 가다가 어느 만에서 가파른 사면을 타고 올라가면 한 때 에스피리투 산토 섬에 거주했던 반유목민, 페리쿠 Pericue 인디언들의 5000년 된 동굴을 만나게 된다. 이 섬을 누비던 인디언들은 잠수를 해서 대합조개와 가리비를 따고 날카로운 작대기로 덫을 만들어 물고기를 잡았다.

별빛이 쏟아지는 인적 없는 해변에 깊게 정적이 드리우고 부드럽게 철썩이는 바다에 석양이 잔잔하게 비치더라도, 에스피리투 산토 섬에서의 바다 카약 여행은 잊을 수 없는 체험이 될 것이다. 노를 저을 힘만 있다면 모든 것이 가능하다.

ⓘ **여행정보**

바자 아웃도어 액티비티 Baja Outdoor Activities 사는 에스피리투 산토 섬으로 가는 다양한 여행상품을 제공한다. 섬 한 바퀴를 꼬박 도는 9일짜리 여행도 있고, 3박4일간의 '급행 탈출' 여행도 있다. 필요한 물건을 전부 제공해주는 여행상품을 선택하면 음식이 나오고 지원 보트로 장비도 옮겨준다. 모든 여행상품에는 경험과 자격을 갖춘 가이드가 있다.

카약을 타고 붉은 화산암석 옆으로 지나가는 모습

플라야 발레나로 향하는 카약

라이스보트로 크루즈 여행

인도 케랄라 주

고급스럽게 개조된 라이스보트를 타고 야자나무 숲과 드넓은 논, 그리고 작은 마을들 사이로 흐르는 백워터의 수로를 느긋하게 오르내리는 크루즈 여행은 인도의 독특한 땅 케랄라Kerala를 발견하는 가장 즐거운 방법이다.

석양을 배경으로 바라본 라이스보트 케투발람

무성한 초록과 넘치는 활기를 자랑하며 아라비아 해에 접해 있는 손가락 모양의 땅 케랄라 주는 인도 남서해안을 따라 550킬로미터나 뻗어 있다. 띠 모양을 이루는 한적한 해변과 모래로 뒤덮인 만(灣)들의 뒤에는 밀물이 육지에 갇혀 형성된 백워터와 그물 같은 수로, 각종 못과 호수들이 우리를 인도의 '곡창지대' 한가운데로 이끌어간다.

전설에 따르면 케랄라 주의 땅을 만든 것은 비슈누Vishnu 신의 여섯 번째 화신인 파라수라마Parasurama였다. 요가를 행할 처녀지를 원했던 그가 바다를 향해 도끼를 던지자 그 지역의 바닷물이 빠지면서 이 미궁 같은 수로의 땅이 생겨났다는 것이다.

주변의 논에서 생산된 쌀을 나르는 데 이용되었던 케랄라의 기다란 배, 케투발람kettuvallam은 수세기 동안 거의 변함이 없는 풍경 속을 미끄러지듯 통과해왔다. 아이들은 얕은 물가에서 물장구를 치고, 아낙네들은 빨래를 하며, 농부들은 조상들이 갈았던 푸른 땅을 여전히 갈고 있다. 그리고 어디를 가든 웃음 띤 얼굴들이 가득하다.

울창하고 빽빽한 나무들로 둘러싸인 좁은 수로들은 인도 최대의 담수호 벰바나드Vembanad의 탁 트인 풍경으로 이어진다. 코코아와 코코넛, 망고가 자라는 농원 옆에는 진흙

중국식 그물이 유명한 코친의 석양 ▶

벽돌로 지은 작은 마을과 예배당, 모스크, 그리고 화려한 힌두교 사원이 보인다. 뿐만 아니라 더그아웃 카누나 다닐 만한 한층 더 좁은 수로들이 여기저기 뻗어 있어 복잡한 미로를 형성한다.

케투발람의 앞부분은 갑판이 높고 푹신해서 느긋하게 쉴 수 있는 완벽한 전망대 역할을 한다. 뒤편에는 야자나무를 엮은 곡선 지붕을 얹어 침실과 부엌 위에 그늘을 만들었다. 잔잔한 수로를 따라 케투발람을 타고 흘러가노라면 승무원이 현지 양념으로 만든 싱싱한 물고기 요리가 맛있는 냄새를 풍겨올 때 말고는 몸을 움직이고 싶은 생각이 들지 않는다.

카이나디 홈스테이 근처에서 전통적인 방법으로 물고기를 잡는 모습

쿠타나드 Kuttanad라 불리는 유명한 백워터 지역은 남쪽의 콜람 Kollam에서 북쪽의 코친 Cochin까지 길이가 75킬로미터에 이른다. 코치 Kochi라고도 알려진 코친은 케랄라 주의 활기가 시작되는 곳으로 지난 2000년동안 향신료와 향나무를 구하러 온 사람들의 방문이 끊이지 않았다.

코친의 해안은 1498년 포르투갈의 탐험가 바스코 다 가마 Vasco da Gama가 '발견'하기 오래 전부터 페니키아인과 로마인에게 알려져 있었고 나중에는 아랍인과 중국인들도 알게 되었다. 코친의 풍경과 소리에는 다양한 외국 문화의 영향이 남아 있다. 아침 일찍 코친 항(구시가)의 북쪽 해안가를 거닐다 보면 떼를 이룬 현지 어부들이 물고기를 잡기 위해 오래된 중국식 그물을 올렸다 내렸다 하면서 바닷물을 수없이 헤집는 모습을 볼 수 있다.

저녁에는 카타칼리 Kathakali 공연을 놓치지 말아야 한다. 이 공연은 춤과 이야기, 그리고 무언극이 결합된 케랄라 주만의 예술 형식이다. 공연을 볼 생각이 없으면 인도 전역에 퍼져 있으면서도 케랄라 주에서 유독 발달한 전체론적 의술인 아유르베다 요법으로 긴장을 푸는 것도 좋다.

코친과 대조되는 풍경을 한 번 더 돌아볼 시간이 있다면 온난한 백워터 지역을 떠나 서늘한 언덕에 위치한 무나르 Munnar와 그 주변의 차 재배지를 찾아가볼 만하다. 코친에서 동쪽으로 약 130킬로미터 떨어진 그 지역은 케랄라 주의 차 재배 중심지로서 짙푸른 초록이 담요처럼 산허리를 덮

코친 시장의 싱싱한 토마토

백워터를 오르내리는 크루즈 여행을 위해 개조된 라이스보트 케투발람

이른 아침 코친 항의 바닷가에 가면 싱싱한 물고기를 볼 수 있다

고 있고 일꾼들은 맨손으로 찻잎을 딴다.
  산속에서 신선한 공기를 마시거나 수로를 따라 배를 타고 흘러갈 때도 초록이 무성하고 여유로움이 묻어나는 이곳 , 인도의 케랄라 주에서는 삶의 속도가 느려진다.

ⓘ 여행정보

여러 여행사가 있지만 운영방식이 전문적인 트랜스 인두스 Trans Indus 사는 라이스보트를 타고 떠나는 크루즈 여행과 차 재배지를 둘러보는 여행을 비롯, 케랄라 주를 온전히 돌아볼 수 있는 맞춤상품을 제공한다. 윈더미어 이스테이트 Windermere Estate 사는 실제 재배가 이루어지는 재배지 한가운데 방갈로 숙소를 마련해두었다. 카이나디 헤리티지 홈스테이 Kainady Heritage Homestay에서는 전통적인 농가에 머물면서 백워터 지역에서 살아가는 가정의 삶을 체험해볼 수 있다. 마니말라 강 Manimala River의 코탸얌 Kottayam 마을과 알라푸자 Alappuzha 마을 근처에서는 배나 카누를 타고 백워터를 더 돌아보거나 낚시 또는 조류관찰 활동을 할 수도 있고 사원과 예배당을 둘러볼 수도 있다.

중국식 그물에 오르는 어부

◀ 코친의 중국식 그물에는 둥그스름한 돌덩이들을 매단 나무 보가 있다

프랑스 샤모니
발레 블랑쉬에서 스키를

샤모니 Chamonix 마을 위 프랑스 알프스의 높은 산속에 숨어 있는 발레 블랑쉬 Vallée Blanche 계곡은 유럽에서 가장 긴 비정규 스키코스인 동시에 눈이 휩쓸고 얼음이 깎아내린 자연 그대로의 풍경을 볼 수 있는 곳이다. 이곳에는 몽블랑 Mont Blanc을 비롯해 저 멀리 솟아오른 알프스의 봉우리들과 곳곳에 크레바스가 도사린 메르 드 글라스 Mer de Glace(얼음의 바다) 같은 빙하들, 그리고 아무도 밟은 적 없는 무한대의 눈밭이 중급 스키어들을 기다리고 있다. 여기에서 맛보는 스키 체험은 그 어떤 코스에서도 맛볼 수 없던 새로운 높이로 우리를 이끈다.

샤모니에서 올려다보면 저 높이 솟은 어마어마한 산에서 22킬로미터를 대체 올라갈 수나 있을지 걱정이 된다. 해발 1,100미터의 계곡 기슭에서 본 산봉우리들은 너무 멀리 있는 것처럼 느껴진다. 그러나 일단 세계에서 가장 높은 케이블카에 몸을 실으면 쉽게 원하는 곳

에규 뒤 미디의 얼음 터널을 빠져나가는 모습

제앙 빙하에서 스키를 타는 모습

까지 갈 수 있다.

   산의 높이를 아는 사람이라면 스키를 탈 생각 없어도 이 체험만은 놓쳐서는 안 된다. 두 번째 리프트 정거장에서 케이블카를 타면 가파르고 뭉툭한 암석 벽을 따라 단일 구간으로는 세계에서 가장 긴 거리를 오르게 된다. 그렇게 5분 남짓한 시간이 흐르면 해발 3,802미터의 공기가 희박한 에규 뒤 미디 Aiguille du Midi의 북쪽 봉우리에 도착한다. 여기서 리프트를 타고 해발 3,842미터 전망대에 오르면 생전 처음 보는 광경이 눈앞에 펼쳐진다.

   눈이 가득한 장엄한 계곡에는 스키 트랙이 펼쳐져 있고 그 주위를 그랑 조라스 Grandes Jorasses 와 같은 등반가를 위한 최고의 봉우리들이 둘러싸고 있는데다 저 멀리에는 이탈리아 및 스위스와 국경을 이루는 마터호른

프랑스

Matterhorn 산까지 보인다.

이렇게 높은 곳에서 스키코스가 시작되는 지점까지 이동하다 보면 정규 코스에서 보내던 평범한 날과는 다르다는 생각이 들기 시작한다. 전문지식을 갖춘 가이드들은 고객들을 질서정연하게 줄 세운 다음 등반 장구를 채워 안전로프에다 조심스레 붙들어 맨다. 얼음 터널을 걸어서 통과하고 나면 칼날처럼 예리한 산등성이가 나오는데 여기서부터는 천천히 내려가야 한다. 길은 30도의 경사가 졌고 좌우에는 난간으로 활용할 수 있는 고정된 로프가 있다. 보기만큼 위험하진 않지만 한쪽 면은 샤모니까지 곧장 이어지는 2,700미터의 급경사이고 다른 한쪽 면은 50도에 이르는 경사지이기 때문에 스키 부츠를 신고 걸어 내려간다고 생각하니 머리카락이 꽤나 쭈뼛거린다.

일단 출발 지점에 내려서면 가장 인기 있는 코스인 브레이 Vrai(최고의) 발

제앙 빙하를 내려다보는 모습 제앙 빙하를 달리는 스키어들

발레 블랑쉬 아래쪽은 스키를 타기에 좋은 지형이다

레 블랑쉬를 타고 제앙 빙하 Glacier du Géant를 부드럽게 통과한다. 이 첫 번째 내리막 코스가 끝나는 세락 뒤 제앙 Sérac du Géant은 부서진 얼음 덩어리와 크레바스, 얼음 동굴이 도사리고 있는 빙하 지역이다. 여기서부터는 길이 좁아지면서 마치 미로 속에서 출구를 찾는 것처럼 낯설고 차가운 풍경 속을 천천히 내려가야 한다. 하지만 가이드의 도움을 받아 마음을 침착하게 먹으면 안전하게 통과할 수 있다.

푸른빛과 옥색 빛이 감도는 이 얼음의 세계는 마침내 해발 2,516미터의 르캥 산장 Refuge du Requin － 레스토랑 오두막 뒤쪽의 산이 돌출된 지느러미 모양을 닮았다고 해서 '상어 산장'이라는 이름이 붙었다 － 으로 이어진다.

산장의 오두막 아래로 내려가면 얼음이 흩어져 있는 빙탑 지대를 거쳐 아름다운 이름을 가진 살라망제 Salle à Manger(거실)에 이르게 된다. 타쿨 빙하 Glacier du Tacul 위쪽에 펼쳐진 이 드넓은 지역은 웅장한 그랑 조라스 봉우리 밑에 완벽한 소풍 장소를 제공한다고 해서 그런 이름을 얻었다. 그곳은 스키나 스노보드를 조심성 없이 타다가 깊은 크레바스의 먹이가 될 수도 있는 지뢰밭이기도 하다.

살라망제 위의 크레바스 지대

에귀 뒤 미디 아래에서 스키를 타는 모습

메르 드 글라스는 두께가 약 240미터인, 알프스에서 두 번째로 큰 빙하로서 몽땅베르Montenvers 산을 향해 완만한 경사를 이루며 7킬로미터 이상 뻗어 있다. 그렇게 내리막을 천천히 내려온 뒤 약간 가파른 계단을 올라 얼음 동굴들을 지나고 나면 케이블카를 타고 경치가 아름다운 산악 철로가 있는 곳까지 이동한다. 이젠 편안하게 샤모니까지 돌아오는 일만 남았다. 세계 최고의 비정규 스키코스를 맛본 이상 정규 코스에서 타는 스키가 예전 같지 않으리라는 생각이 머릿속을 떠나지 않을 것이다.

ⓘ 여행정보

비정규 코스에서 스키를 타본 경험이 많지 않다면 자격을 갖춘 산악 가이드를 데려가는 것이 좋다. 가이드는 눈사태를 대비한 송수신기와 등반장구 같은 안전 장비들을 제공할 것이다. 샤모니의 스키 여행은 선택의 폭이 넓다. 스키 전문 여행사 닐슨Neilson이 제공하는 패키지 상품에는 샤모니의 한가운데에서 운영되는 전통적인 스타일의 레드 마운틴 로지 샬레Red Mountain Lodge Chalet에서 숙박하고 발레 블랑쉬를 타고 내려오는 맞춤 코스가 포함되어 있다.

사람이 밟지 않은 신설을 찾아 건너는 모습 ▶

논길을 달리는 자전거 여행

베트남 하노이에서 사이공까지

끝없이 펼쳐진 논과 비옥한 고지대, 그리고 남지나해의 아름다운 해안선을 품은 풍요의 땅 베트남에는 동남아시아에서 가장 멋지고 다채로운 자전거 코스가 있다. 여기에다 베트남인들이 친애하는 국민 영웅 호찌민 Ho Chi Minh 또는 호 아저씨가 일궈낸 흥미로운 공산주의 시절의 역사까지 더해지면 하노이 Hanoi에서 사이공 Saigon으로 이어지는 길은 일생일대의 자전거 코스로 거듭난다.

어디로 페달을 밟든 우리를 맞이하는 것은 웃음 띤 얼굴로 손을 흔들며 인사하는 베트남인들이다. 자전거를 탄 현지인들은 우리가 잠시 동안이나마 함께 자전거를 타는 것이 더 없이 즐거운 모양이다. 그들이 자신들의 상징과도 같은 원뿔형 밀짚모자를 쓰고 우리를 향해 밝게 미소 짓는 모습은 두고두고 기억에 남는 장면이다. 이것이야말로 가장 멋진 자전거 여행이 아닐 수 없다.

현 수도인 하노이에서 사이공까지 줄곧 자전거로만 달리려면 건강한 사람이라도 몇 주가 는걸릴 것이다. 그보다 더 합리적인 방법은 처음부터 끝까지 버스를 지원해 주는 여행사를

나짱 근처에서 벼를 심는 모습

나짱으로 향하는 길을 따라 조각조각 이어져 있는 논에서 벼를 심는 농부들   자전거를 타고 위에로 가는 베트남인

통해 가장 좋은 구간에서만 자전거를 타면서 2주 안에 사이공에 도착하는 것이다. 인기 있는 출발지 한 곳을 꼽자면 하노이에서 남쪽으로 13시간의 기차 여행을 해야 하는 옛 제국의 도시 위에Hué다.

응우옌왕조 Ngueyn Dynasty(1802년~1945년) 시절 이 나라의 수도였던 위에에는 원형이 보존된 궁궐과 탑들이 많이 남아 있다. 도로를 뒤덮으며 교통신호에 따라 주변으로 몰려드는 수많은 오토바이와 자전거들 사이에 끼어들려면 처음에는 약간 겁이 나지만 일단 흐름을 타면 긴장이 풀리면서 인간 동력이 만들어내는 놀라운 장관을 즐기게 될 것이다. 첫 번째 휴식 장소는 1847~1883년까지 나라를 통치했던 투둑Tu Duc 황제의 무덤이다. 이곳은 위에 시 근교 30분 거리에 연꽃이 가득한 루키엠Luu Khiem 호숫가의 고요한 숲에 자리 잡고 있다.

위에에서 남쪽으로 가는 1번 고속도로 주변에는 초록빛의 논들이 줄줄

프랑스

호이 안의 시장

이 늘어서 있고, 원뿔 모자를 쓴 농부들이 절도 있는 동작으로 허리를 구부려 물을 댄 땅에다 줄을 맞춰 벼를 심고 있다. 다음 휴식 장소는 수세기 동안의 무역으로 인해 일본과 중국뿐 아니라 프랑스와 네덜란드에까지 이르는 다양한 문화와 영향력이 융합된 오랜 항구 도시 호이안 Hoi An이다. 이곳의 트란푸 거리 Tran Phu Street에 가면 화려하게 장식된 중국인 회의장과 상인들이 거주하는 주택들이 보이고 목공품과 종이 제등, 그리고 비단을 살 수 있는 조그만 가게들도 볼 수 있다.

베트남을 방문하려면 1965~1975년에 벌어졌던 베트남 전쟁(베트남인들은 미국 전쟁으로 알고 있다)에 대해 알아두는 것이 좋다. 꽝 응아이 Quang Ngai를 향해 남쪽으로 뻗어 있는 24킬로미터의 우회로는 논을 지나 썬미 Son My 마을로 이어지는데, 이곳은 미군 병사들이 504명의 무고한 주민을 죽인 밀라이 My Lai 사건이 벌어졌던, 베트남 전쟁에서 가장 악명 높은 학살

베트남의 주요한 채소 재배지 다랏의 시장 노점

나짱으로 가는 길의 물을 댄 논들

의 현장이다. 이곳의 기념 공원에는 학살이 벌어졌던 날 찍은 섬뜩한 사진들이 전시되어 있다.

꽝 응아이에서 출발할 때는 위로 올라가는 길이 가장 좋다. 가파른 안혜 고개 An Khe Pass를 지나 트롱썬 Truong Son 산악 지대로 들어간 뒤 고지의 중심부인 플레쿠 Play Ku와 분메투옷 Buon Ma Thuot으로 이어지는 19번 고속도로는 만만찮은 자전거 코스다. 고원에 올라가면 논은 보이지 않는다. 대신에 커피와 차를 재배하는 드넓은 땅이 펼쳐지는가 하면 이름을 불러보고 싶은 온갖 채소와 꽃을 기르는 조그마한 가족 텃밭들이 나타난다. 이곳에서는 생활이 더욱 단순해지고, 도로의 완만한 기복 탓에 비교적 힘이 좋은 사람도 해안가의 평지를 달릴 때와는 달리 휴식을 반기게 된다.

이제 바닷가에 있는 나짱 Nha Trang으로 내려가는 굽이진 도로를 따라 숨이 멎을 듯 아름다운 길이 펼쳐진다. 나짱은 미국에 가져다 놓아도 손색이 없는 대로와 해변이 있는 자랑스러운 베트남의 해안 휴양지이지만 고유한 매력도 잃지 않아 200~1720년까지 베트남 중부 해안에 융성했던 참파 Champa 문명으로 거슬러 올라가는 인상 깊은 사원들을 여럿 갖고 있다. 사이공으로 가기 전에 마지막으로 고지대에 올라 프랑스식 휴양지였던 다랏

안 혜 고개 근처의 아이들

자전거를 타는 베트남인들은 사이공의 복잡한 거리에서도 많은 짐을 싣고 다닌다

장작을 실어 나르는 호이 안의 여성들

나짱 앞바다에서 전통적인 버드나무 바구니로 물고기를 잡는 배들

배를 저어 시장으로 가는 모습

Dalat으로 가보자. 주의해야 할 점은 그곳으로 가는 길이 무척이나 가파르고 멀다는 것이다. 나짱부터 판랑 Phan Rang의 다랏 분기점까지 평지를 따라 100킬로미터 남짓 자전거를 탔다면 지원 버스에 몸을 싣는 것이 최선의 선택이다.

자전거 여행이 끝나는 지점은 동남아시아에서 가장 역동적인 도시 중의 하나인 사이공이다. 1975년에 호치민 시로 공식 개명된 이곳은 복잡하고 분주하지만 문화와 멋이 깃들어 있어 바에 앉아 자전거 여행의 성공을 축하하기에는 더없이 완벽한 곳이다.

ⓘ 여행정보
자전거를 탈 때 판초를 걸치기가 싫다면 몬순이 찾아오는 계절을 피하는 것이 상책이다. 베트남 여행계획은 11월 말과 3월 사이로 잡는 것이 좋다. 월드 익스페디션 World Expeditons 사는 모든 면에서 지원을 아끼지 않을 뿐 아니라 하노이에서 사이공까지 가는 2주간의 훌륭한 자전거 여행상품을 제공한다. 숙박도 상당히 고급스러운 호텔에서 할 수 있으며, 영어를 할 줄 아는 현지 가이드들이 여행에 어려움이 없도록 도움을 준다. 베트남 음식은 특히 해산물이 맛있다. 하노이와 사이공에는 모두 국제공항이 있다. 사이공에 가면 베트남 전쟁 중에 베트콩이 숨어 살았던 쿠 치 Cu Chi 땅굴을 꼭 둘러보라.

사하라의 축제

튀니지 도우즈

튀니지의 오아시스 마을 도우즈 Douz에 자존심 강한 베두인 유목민과 낙타 대상(隊商)들이 모여 사하라 축제를 벌이면 모래가 날고 불꽃이 튀는 장관이 연출된다. 튀니지 외부에는 그리 잘 알려져 있지 않은 이 행사는 낙타 경주와 시 경연, 부족 연극, 그리고 전통 음악이 어우러진 화려한 집회이자 일기에다 꼭 남기고 싶은 최고의 사막 축제다.

메하리 낙타들이 결승선을 향해 경주를 벌이고 있다    말을 타는 젊은 베두인족

튀니지 중부에 자리 잡은 도우즈는 가물거리며 끝없이 펼쳐지는 그레이트 이스턴 사막 Great Eastern Erg 의 사구들과 대양처럼 넓고 신기루가 나타나는 염분이 쌓인 평지, 쇼트 엘 제리드 Chott El Jerid 사이에 둥둥 떠 있는 것처럼 보인다. 폭이 50킬로미터인, 눈부시게 새하얀 쇼트 엘 제리드의 대지를 달리다 보면 머릿속에는 남극이 떠오르고 오아시스에 도착하기도 전에 최상급 표현을 다 써버리고 만다.

튀니지

도우즈는 15,000명에 이르는 므라즈리그 Mrazrig 부족이 주도권을 쥔 다섯 베두인족 집단이 모이는 사교와 교역의 중심지다. 많은 부족민들이 지금도 봄이 되면 양과 염소를 몰고 남쪽의 크사르 길란 Ksar Ghilane 쪽으로 이동하여 네파자우스 Nefazaous 초원의 풀을 먹인다. 겨울이 오면 이들은 다시 대추야자를 수확하러 도우즈로 돌아오는데 이 같은 과정의 반복이 축

튀니지 전역에서 모여든 부족민 연주자들   축제가 시작되면 부족의 어른들이 행진을 벌인다

제를 시작하게 된 유래이다(이 행사는 공식적으로 35년이 넘었지만 언제 시작되었는지 아는 사람은 아무도 없다). 각 부족들은 이 축제에서 서로의 재치와 승마술을 겨루고 음악과 시를 즐겼으며, 젊은이들은 결혼의 기회를 얻기도 했는데, 오늘날에도 이 같은 전통은 이어지고 있다.

베두인족에게 삶이란 언제나 사막에서의 생존과 오아시스에서의 활기 사이에 미묘한 균형을 잡는 일이었다. 사막과 오아시스의 관계는 주요 행사가 벌어지는 흐니치 H'Niche 운동장의 설계에도 반영되어 관람석이 한쪽

에만 있고 운동장 양 옆은 트이도록 설계되었다. 마을의 가장 끄트머리에 지어진 이 운동장의 한쪽은 야자나무들이 드리워져 있고, 다른 한쪽은 바람이 휘몰아치는 사구들과 아무런 구분 없이 이어져 있다.

축제는 사람들이 운동장을 가득 메운 가운데, 쿵쾅거리는 북소리와 플루트를 닮은 주카라 zoukara의 날카로운 소리로 시작된다. 바람에 펄럭이는 흰

북과 주카라가 축제에 리듬을 부여한다

색 스커트와 진홍색 조끼를 입고, 길고 검은 술이 달린 페즈 모자를 쓴 연주자들은 빙빙 도는 꼭지마냥 몸이 땅속에 박힐 듯이 돌고 또 돈다. 줄을 맞춰 늘어선 베두인 부족민들이 사막을 향해 귀를 찢을 듯한 일제 사격을 하고 나면 뒤에 있는 기수들은 성미 급한 말들을 진정시키느라 애를 먹는다.

이 축제에서 가장 중요한 행사는 단연코 낙타 경주다. 경주에 걸린 2,000여 파운드의 상금은 승리를 위해 어떤 희생도 불사하게 만든다. 올림픽 800미터 달리기의 낙타 버전이라고 할 만한 이 경기에는 옅은 크림색의

축제의 시작을 알리는 행렬에서 빙글빙글 도는 무용수들

메하리 mehari 낙타들 – 대체로 대상들보다 앞서 가서 새로운 목초지를 찾는 데 이용되는 재빠른 스프린터들이다 – 이 나란히 경주를 벌인다. 예선의 열기가 달아오르는 나흘째 결승전이 열리는데, 피 말리는 일주 코스를 두 번씩 돌아야 한다. 상금이 상금인지라 기수들 사이에서 공공연한 싸움이 벌어지기도 한다.

낙타 경주의 막간에는 사하라의 사구들을 무대로 정교한 전통 연극이 펼쳐진다. 연극은 맞수 부족의 여인과 사랑에 빠진 용감한 베두인 전사 만두르 Mandour의 이야기다. 갈등과 다툼이 이어지는 이 이야기의 결말은 직접 확인하기 바란다. 눈여겨볼 만한 또 하나의 공연은 독특한 '머리카락 춤'이다. 빛나는 예복을 입고 얼굴에 베일을 두른 수십 명의 여자들은 땅에 무릎을 꿇고 앉아 최면에 걸릴 듯한 음악에 맞춰 긴 머리카락을 돌리며 커다란 원을 그린다. 춤은 지쳐 쓰러질 때까지 계속된다.

나흘째 날에는 낙타 경주의 결승전뿐 아니라 슬루기 Sloughi 그레이하운드들이 펼치는 경견 대회와 하키스틱 대신 양치기 지팡이를 사용하는 팀별 모래 하키시합도 볼 수 있다. 하지만 가장 커다란 볼거리는 역시 전속력으로 달리는 말 위에서 체조선수마냥 돌고 구르는 기수들의 곡예 솜씨다. 마침내 열렬한 행진을 끝으로 축제가 막을 내리면 자리는 몇 시간도 채 지나지 않아 텅 비워지고 만다. 검은 양모 천막은 철거되고, 요리용 점토 그릇은 보따리 속으로 들어가며, 낙타는 열을 갖추고 떠날 준비를 한다.

모래가 물결치는 대양을 떠돌며 목적지 없는 지평선을 향해 발걸음을 옮기는 베두인족을 보노라면 그들의 여행은 기약이 없는 것처럼 느껴진다. 베두인족이라면 누구나 의심의 여지없이 다음 해에 다시 돌아오겠지만 서둘러 출발하는 그들의 심장이 오아시스보다 사하라에 더 가까이 있음을 알게 된다.

ⓘ 여행정보

축제가 열리는 것은 11월 말이나 12월 초다. 실제 날짜는 해마다 다르다. 축제 기간에는 많은 사람들이 도우즈로 몰리므로 숙박시설은 일찍 예약을 해두는 것이 좋다. 도심에서는 매일 저녁 '미스 사하라' 선발대회 같은 여러 가지 다른 행사들이 열린다. 대개 축제의 첫날과 마지막 날이 가장 볼거리가 많고 떠들썩하다.

베두인족의 승마술은 최고의 볼거리다

중세의 도시를 발견하다

에스토니아 탈린

발트 해의 에스토니아 해안에 탈린 Tallinn은 구(舊)소련의 발트 3국이 소비에트 연방으로부터 독립한 이후 가장 부흥을 이룬, 동화에 나올 법한 아름다운 도시이다. 독립 북유럽에서 가장 오래된 수도인 이 다채로운 도시는 현대식 개발에 크게 훼손당하지 않은 편이어서, 걷거나 자전거를 타고 둘러보면 마치 중세 시대에 와 있는 듯한 느낌을 주는 잊지 못할 여행지이다.

에스토니아는 1991년 8월에 소련의 지배에서 벗어났다. 그리고 그로부터 13년 후인 2004년 5월 유럽연합에 가입함으로써 강하고 독립적인 국가로 탈바꿈했다. 활기차고 흥미로운 도시 탈린은 이 새로운 시대의 상징이다. 조국에 대한 에스토니아인들의 강한 자부심을 느껴보려면 이 도시 한가운데 최상의 상태로 보전된 중세의 구시가지 Old Town 로 가보자.

돌을 깔아 만든 꼬불꼬불한 골목길을 따라 작은 탑과 붉은 타일 지붕의 건물들이 늘어서 있는 이 유네스코 세계유산지역을 지키고 있는 것은 형태가 놀라우리만치 온전하게 유지된 요새의 성벽과 감시탑들이다. 이 같은 방어시설 – 26개의 탑이 아직 건재하다 – 에 커다란 덕을 본 탈린은 역사적으로 큰 피해를 입지 않았고, 원형을 보존한 주택과 정부 건물, 그리고 중세의 교회들을 자랑하고 있다. 한때 북유럽에서 가장 높은 건물이었던 해발 159미터 지점에 위치한 고딕 양식의 성 올라프 교회 St Olav's Church는 초록

시청 광장의 노점 진열대

◀ 툼페아 언덕에서 바라본 탈린 시와 성 올라프 교회

빨간 타일지붕으로 가득한 탈린의 구시가

색이 돋보이는 철탑이 여전히 이 도시를 내려다보고 있다.

쇼핑의 중심지인 탈린의 시청 광장은 축제와 정치 집회는 물론이고 처형까지도 볼거리가 되었던 곳이다. 요즘에는 나무로 만든 전통적인 노점 진열대에서 값싼 물건을 살 수도 있고 주변에 늘어선 화려하고 활기찬 카페에 앉아 에스토니아 젊은이들이 뽐내는 최신 유행의 옷차림을 감상할 수도 있다. 여름철에 벌어지는 열광적인 '구시가의 날' 축제는 이 광장을 중세 시대로 되돌려놓는다. 13세기 초로 시간을 되돌려놓은 듯한 아름다운 시청 건물도 잊지말고 보도록 하자.

발트 해에 접한 탈린의 구시가를 다른 위치에서 살펴보려면 요새의 성벽을 굽이돌아 툼페아 언덕 Toompea Hill으로 올라가보자. 도시가 내려다보이는 이 언덕에는 강렬하고 화려한 인상을 주는 알렉산더 네프스키 성당 Alexander Nevsky Cathedral이 있다. 러시아의 마지막 차르 니콜라이 2세가 1900년에 지은 이 건물의 돔 지붕들은 금빛 모자이크로 반짝반짝 빛난다. 그리고 근처에서 기다리면 중앙에 있는 탑으로부터 예배의 시작을 알리는 11번의 종소리를 들을 수 있다. 언덕을 따라 더 나아가면 도시와 지붕들, 발트 해까지 내려다보이는 눈부신 광경이 펼쳐지는 전망대가 곳곳에 위치해 있다.

구시가의 저지대로 내려가는 길은 육중한 키에크 인 데 쾨크 Kiek-in-de-Kök 대포탑을 지난다. 둘레가 17미터나 되고 벽이 너무 두꺼워서 허무는 데 100년이 걸릴지도 모르는 이 탑에는 거부할 수 없는 저항의 정신이 깃들어 있다. 들러볼 만한 다른 장소로는 한때 창녀들이 투옥되었던 메이든 타워 Maiden Tower가 있다. 이 도시에서 가장 유별난 주택들 가운데 하나로 14세기부터 내려오는 이곳은 권세를 누렸던 상인 집단 '검은 머리 형제들 Brotherhood of Black Heads'의 소유였다. 녹색과 붉은색의 대문에는 화려한 황금색 꽃 조각들이 장식되어 있다.

마지막으로 발트 해 해변에 가보지 않고서는 탈린 여행을 마쳤다고 할 수 없다. 그곳에 가면 소련 시절과 2차 대전에 관한 기념비들을 볼 기회도 있을 것이다. 가장 좋은 방법은 자전거를 타고 가는 것이다. 툼페아 언덕과 달리 탈린 시 주변은 평지이기 때문에 자전거를 타더라도 별로 힘이 들

구시가 성벽의 작은 탑들

툼페아 언덕에서 내려다본 탈린의 구시가

에스토니아

색감이 풍부한 탈린의 우체국

시청광장의 카페들

지 않는다. 자전거는 혼자서도 쉽게 빌릴 수 있지만 시티 바이크City Bike의 가이드와 함께 가면 주요 도로는 피하면서 탈린의 넓은 공원과 차르가 소유했던 카드리오르그 궁전Kadriorg Palace 같은 건물들을 둘러볼 수 있다. 그렇게 도착한 해변에서 푸르고 고요한 발트 해를 바라보노라면 철썩이는 파도처럼 지치지 않는 에스토니아인들의 도전정신이 느껴질 것이다.

ⓘ 여행정보

탈린으로 운항하는 항공사들은 여럿 있다. 유럽의 주요 도시에서 출발하는 에스토니아 항공Estonian Air은 운임이 아주 저렴해서 여행자의 수가 크게 늘었고 주말 휴가 때도 마찬가지다. 이 도시에서 아주 괜찮은 대접을 받으면서 숙박을 하려면 쓰리 시스터 호텔Three Sisters Hotel처럼 상인들의 집을 개조한 부티크 호텔에 예약을 하는 것이 좋다. 시티 바이크는 여름에 운영되는데, 자전거를 직접 대여하거나 가이드가 함께하는 자전거 여행을 제공한다.

흑진주를 찾아서

프랑스령 폴리네시아 타히티

프랑스령 폴리네시아 French Polynesia의 흑진주는 높은 평가를 받는 보석이다. 완벽한 흑진주를 손에 넣으려면 악명 높은 영국군함 바운티 호가 닻을 내렸던, 수정 같은 바다가 펼쳐진 낙원으로 여행을 떠나야 한다. 바운티 호의 선원들은 야자수로 둘러싸인 해변과 일년 내내 따뜻한 기후, 그리고 이국적인 음식을 발견하고는 떠나야 할 때가 되자 오히려 반란을 일으키고 말았다. 오늘날까지도 거의 변함이 없는 이 섬에서 관광객들은 혼자만의 보물을 얻을 수 있게 되었다.

타히티 Tahiti의 가장 중요한 수출품인 흑진주는 자연산이 아니라 양식을 통해 생산되고 다 자라기까지는 5년이 넘는 세월이 필요하다. 흑진주니까 검은색 아니냐고 하겠지만 가까이에서 보면 초록색과 자주색으로 이루어진 공작새 빛깔을 띤 무지개색이다. 이렇게 다채로운 색조가 많은 사람들이 흑진주를 찾는 이유다. 만약 하나밖에 없는 완벽한 진주 – 똑같은 것은 하나도 없다 – 를 손에 넣으려면 남태평양의 넓고 푸른 바다에 떠 있는 35개의 섬과

물 위에 방갈로가 있는 마니히에서 스노클링을 하는 모습　　타하의 진주조개 껍질 속 흑진주

83개의 산호섬을 돌아봐야 한다.

　투아모투 제도 Tuamotu Archipelago에 속하고 타히티 북동쪽으로 2시간 동안 비행기를 타고 가면 도착하는 때 묻지 않은 마니히 Manihi는 우리가 선택할 수 있는 휴양지들 중 하나일 뿐이다. 60킬로미터의 길이에 30킬로미터의 폭, 고리 모양으로 산호초를 둘러싸고 있는 마니히는 어느 모로 보나 하얀 모래와 야자수가 늘어선, 만인이 꿈꾸는 낙원이며 진주를 찾아 나서기에 이상적인 장소다. 사실 마니히는 세계적으로 유명한 흑진주 원산지다. 프랑스령 폴리네시아에만 있는 흑엽진주조개를 1965년 처음으로 양식하기 시작한 양식장도 바로 이곳에 있었다. 오늘날 마니히는 '흑진주의 낙원'으로 알려져 있다.

　진주를 찾으러 다니는 것은 번화가에 있는 흔한 귀금속상을 찾아다니는

프랑스령 폴리네시아

것과는 다른 즐거움이다. 진주의 탄생과정을 이해하는 것은 바다의 문화 속으로 들어가 보는 여행이기도 하다. 제대로 된 경험을 하려면 약간의 탐험이 필요한데, 작은 비행기와 보트를 타고 '흑진주' 섬을 몇 군데 둘러볼 때마다 새로운 모험을 접하게 된다. 마니히 섬도 예외는 아니다. 공중에서 내려다보면 마치 짙푸른 벨벳 쿠션 위에 놓인 고운 진주 목걸이처럼 보인다. 비행기가 하강을 시작하고 땅이 윤곽을 드러내면 안쪽 산호초에 자리 잡은 방갈로 촌-산호섬에서 휴식할 수 있는 완벽한 장소-이 시야에 들어온다.

마니히에 도착할 때는 조금 색다른 경험을 하게 된다. 그곳 공항은 1996년에 불어 닥친 태풍으로 건물들이 몽땅 휩쓸려 가버렸기 때문에 활주로를 제외하고 승객을 위한 편의시설은 지붕에 야자수를 드리운 작은 휴게소밖에 없다. 공항에 내리면 일단 화환을 받고 골프 차를 탄다. 그러고는 코코넛 나무들이 늘어선 길을 따라 숙소까지 가게 된다. 무엇보다 좋은 것은 수하물 컨베이어를 기다리지 않아도 된다는 점이다.

마니히는 프랑스령 폴리네시아에서 진주 양식장이 가장 많은 곳이다. 이곳에는 최고의 진주를 얻기 위해 시간과 노력을 아끼지 않는 60개 이상의 양식장이 있다. 양식장에 견학을 가 보면 단 하나의 진주를 키우는데도 얼마나 많은 수고가 필요한지 알게 된다. 진주조개의 진주 주머니 안에 '핵'을 삽입하고 다른 조개의 외투막에서 떼어낸 상피조직 한 조각을 그 위에 이식하면 이 상피조직이 핵을 둘러싸고 자라면서 진주가 되는 것이다. 이식 과정에 길다고 해서 늘 성공이 보장되는 것은 아니다. 양식업자에 따르면 30퍼센트의 진주조개

물 위에 있는 마니히의 방갈로

만이 진주를 만들어낸다. 그리고 그 중에서 상품성이 있는 진주는 10퍼센트에 불과하다. 25,000개의 진주조개 가운데 단 3퍼센트만이 완벽하게 둥근 진주를 만들어 내는 것이다.

만약 진주찾기 모험을 원한다면 타히티 북서쪽의 '바닐라 섬'이라고도 부르는, 초록이 무성한 타하 Tahaa로 가는 것이 좋다. 이곳에서는 전통적인 통나무배 모양의 카누를 타고 바다에 들어가 가까운 양식장을 견학할 수 있다. 이 배들은 프랑스령 폴리네시아에서 흔히 볼 수 있으며 리조트의 룸서비스용으로도 사용되어 물 위에 떠 있는 방갈로의 문 앞까지 아침 식사를 직접 배달하기도 한다.

이렇게 아름다운 자연 속에 머물다 보면 어쩔 수 없는 소유욕이 몰려온다. 그때부터는 여행 비용이 예상보다 커질 수도 있다.

마니히 진주 양식장의 잠수부

ⓘ **여행정보**

프랑스령 폴리네시아의 섬들을 가장 쉽게 둘러보는 방법은 비행기를 타는 것이다. 하지만 기체가 작은 탓에 수하물 무게를 낮춰야 하므로 문제가 생기는 것을 피하려면 짐을 가볍게 꾸리는 것이 좋다. 모든 물건을 공수해야 하기 때문에 음식과 음료수의 가격은 꽤 비싼 편인데 멀리 떨어진 섬일수록 특히 더 그렇다. 뉴질랜드 항공은 로스앤젤레스를 출발한 뒤 코랄 루트 Coral Route를 거쳐 타히티의 파페에테 Papeete까지 운항한다. 런던에서 로스앤젤레스까지 가는 연결편도 매일 운항되고 있다.

타하의 프렌지페인 꽃

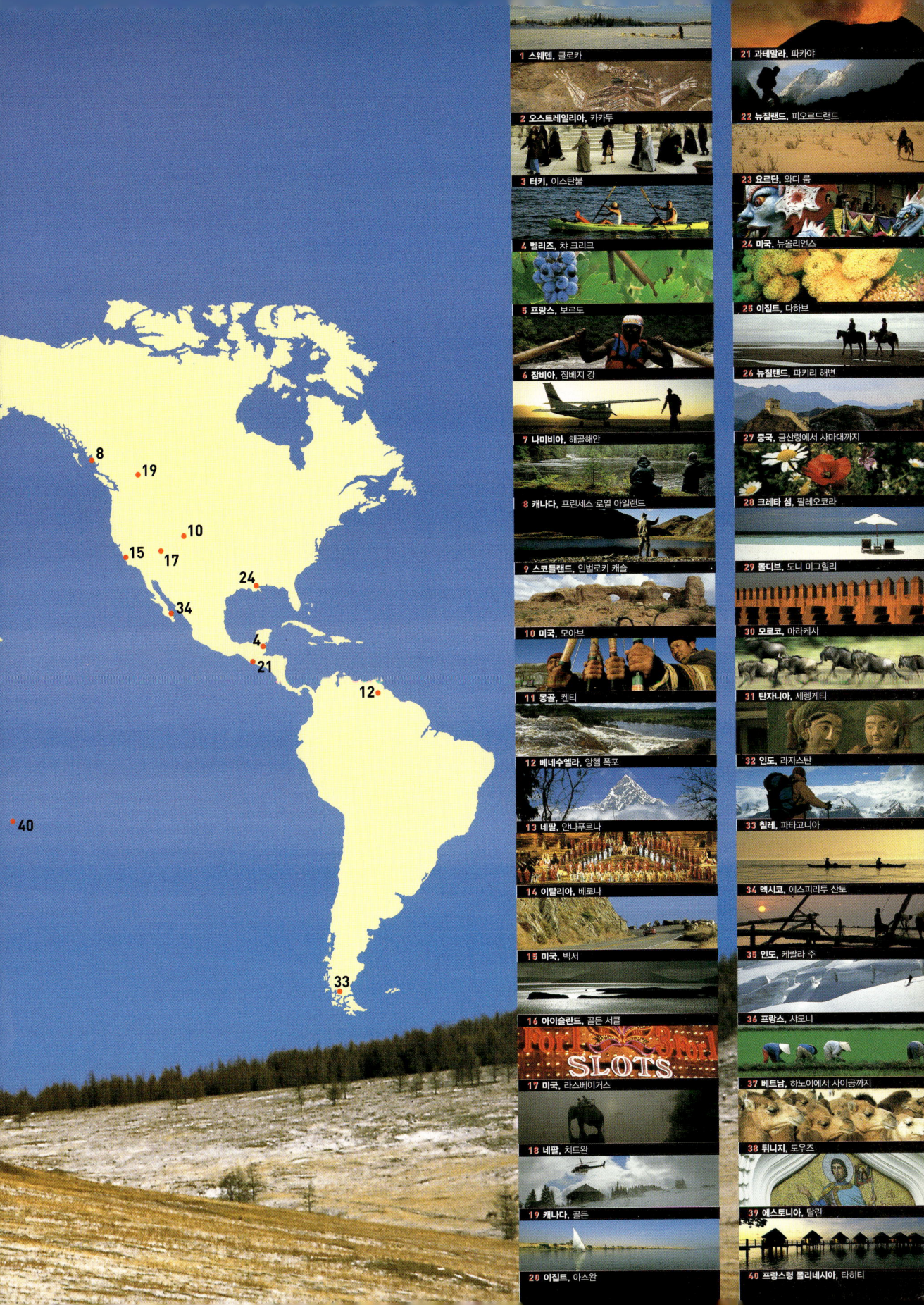

1 스웨덴, 클로카
2 오스트레일리아, 카카두
3 터키, 이스탄불
4 벨리즈, 챠 크리크
5 프랑스, 보르도
6 잠비아, 잠베지 강
7 나미비아, 해골해안
8 캐나다, 프린세스 로열 아일랜드
9 스코틀랜드, 인벌로키 캐슬
10 미국, 모아브
11 몽골, 켄티
12 베네수엘라, 앙헬 폭포
13 네팔, 안나푸르나
14 이탈리아, 베로나
15 미국, 빅서
16 아이슬란드, 골든 서클
17 미국, 라스베이거스
18 네팔, 치트완
19 캐나다, 골든
20 이집트, 아스완
21 과테말라, 파카야
22 뉴질랜드, 피오르드랜드
23 요르단, 와디 룸
24 미국, 뉴올리언스
25 이집트, 다하브
26 뉴질랜드, 파키리 해변
27 중국, 금산령에서 사마대까지
28 크레타 섬, 팔레오코라
29 몰디브, 도니 미그힐리
30 모로코, 마라케시
31 탄자니아, 세렝게티
32 인도, 라자스탄
33 칠레, 파타고니아
34 멕시코, 에스피리투 산토
35 인도, 케랄라 주
36 프랑스, 샤모니
37 베트남, 하노이에서 사이공까지
38 튀니지, 도우즈
39 에스토니아, 탈린
40 프랑스령 폴리네시아, 타히티

유용한 웹사이트

국제 항공사
중국 항공
www.air-chiana.co.uk

남비아 항공
www.airnamibia.com.na

뉴질랜드 항공
www.airnewzealand.com

알리탈리아 (이탈리아 국적 항공사)
www.alitalia.com

영국 항공
www.ba.com

이집트 항공
www.egyptair.com.eg

에스토니아 항공
www.estonianair.com

아이슬란드 항공
www.icelandair.co.uk

퀀타스 항공 (오스트레일리아 국적 항공사)
www.qantas.com

로열 에어 모로코 (모로코 국적 항공사)
www.royalairmaroc.com

로열 요르단 항공 (요르단 국적 항공사)
www.rja.com.jo

스칸디나비아 항공
www.sas.se

터키 항공
www.turkishairlines.com

개썰매에 올라타다, 스웨덴
스웨덴 관광공사
www.visit-sweden.com

애버리니지의 꿈을 엿보다, 오스트레일리아
호주 관광청
www.australia.com

오디세이 사파리
www.odysaf.com.au

동서양의 차이를 뛰어넘다, 터키
터키 관광공사
www.gototurkey.co.uk

열대우림과 산호초 탐험, 벨리즈
챠 크리크 로지
www.chaacreek.com
Tel: +501 824 2037

터틀 인
www.turtleinn.com
Tel: +501 824 4912

에버크롬비 & 켄트
www.abercrombiekent.co.uk
Tel: +44 0845 0700610

벨리즈 관광정보
www.belizetourism.org

샤토 그리고 와인 맛보기, 프랑스
와인 맛보기 여행정보
www.arblasterandclarke.com
Tel: +44 01730 893344

프랑스 관광공사
www.francetourism.com

세상에서 가장 짜릿한 급류 타기, 잠비아
남아프리카 정보
www.suninternational.com
Tel: +27 11 7807878

바토카 스카이 항공
www.batokasky.com

잠비아 관광공사
www.zambiatourism.com

사파리 여행, 나미비아
스켈레톤 코스트 사파리
www.skeletoncoastsafaris.com
Tel: +264 061 224248

나미비아 관광
www.namibiatourism.com.na

와일더니스 사파리
www.wilderness-safaris.com

영혼의 곰을 뒤따라가다, 캐나다
캐나다 사무국
www.canadian-affair.com
Tel: +44 020 7616 9185

브리티시컬럼비아주 관광
www.hellobc.com

클렘투 관광
www.klemtutourism.com
Tel: +1 250 8392346

퍼시픽 코스탈 항공
www.pacific-coastal.com

플라이 낚시와 위스키, 스코틀랜드
인벌로키 캐슬
www.inverlochycastlehotel.com
Tel: +44 01397 702177

스코틀랜드 관광공사
www.visitscotland.com

아치 밑을 통과하는 여행, 미국
유타주 관광 회의
www.utah.com

보웬 모텔
www.bowenmotel.com

전사의 삶을 맛보다, 몽골
전사 체험여행 정보
www.nomadstours.com
Tel: +976 11 328146

탐험여행 정보
www.highandwild.co.uk

몽골 관광공사
www.mongoliatourism.gov.mn

'잃어버린 세계'의 강으로, 베네수엘라
라틴아메리카 여행정보
www.geodyssey.co.uk

히말라야 모험, 네팔
스페셜리스트 트래킹
www.specialisttrekking.co.uk
Tel: +44 01228 562305

네팔 관광공사
www.welcomenepal.com

아이다 관람, 이탈리아
베로나 오페라 축제 정보
www.arena.it

이탈리아 관광
www.enit.it

아카데미아 호텔
www.accademiavr.it

파도 속을 질주하다, 미국
빅서 상공회의소
www.bigsurcalifornia.org

캘리포니아 관광정보
www.visitcalifornia.com

온천에서 수영을 즐기다, 아이슬란드
아이슬란드 관광정보
www.icetourist.is

셀포스 호텔
www.icehotel.is

도박 그리고 현란함, 미국
네바다주 관광정보
www.travelnevada.com

코끼리 타기, 네팔
스페셜리스트 트래킹
www.specialisttrekking.co.uk
Tel: +44 01228 562305

야생 캠프 정보
www.visitnepal.com/gaida

헬리하이킹의 낙원 로키산맥, 캐나다
퍼셀 로지
www.placeslesstravelled.com
Tel: +1 250 3442639

캐나다 사무국
www.canadian-affair.com
Tel: +44 020 7616 9185

브리티시컬럼비아 관광정보
www.hellobc.com

헬리콥터 정보
www.canadianhelicopters.com

펠러커를 타고 나일강으로, 이집트
이집트 체험 정보
www.experience-egypt.com
Tel: +202 3028364

화산에 오르다, 과테말라
과테말라 관광공사
www.mayaspirit.com.gt

최고의 산책길 밀퍼드 트래킹, 뉴질랜드
트래킹 정보
www.ultimatehikes.co.nz
Tel: +64 3 4411138
리얼 저니
www.realjourneys.co.nz
Tel: +64 3 249 7416
뉴질랜드 관광 정보
www.newzealand.com
게스트하우스 정보
www.thedairy.co.nz
피오르드랜드 항공
www.airfiordland.com

낙타 여행, 요르단
요르단 관광공사
www.see-jordan.com
사막 탐험 정보
www.desertexplorer.net
Tel: +962 3 202626

마디그라 축제에 빠져들다, 미국
뉴올리언즈 관광국
www.neworleanscvb.com
폰트차트레인 호텔
www.pontchartrainhotel.com
마디그라 카니발 정보
www.mardigras.com

홍해 속으로 잠수하다, 이집트
이집트 체험 정보
www.experience-egypt.com
Tel: +202 3028364

백마를 타고 달리는 바닷가, 뉴질랜드
뉴질랜드 관광
www.newzealand.com
파키리 비치 호스 라이드
www.pakiri.co.nz
Tel: +64 9 4226275
렌트카 정보
www.budget.co.nz

만리장성을 따라 걷는 여행, 중국
중국 관광 사무국
www.cnto.org

들꽃과 인사하기, 크레타 섬
크레타 섬 숙박 정보
www.freelance-holidays.co.uk
Tel: +44 0870 4422658
그리스 국제 관광기구
www.gnto.gr

낙원을 발견하다, 몰디브
미그힐리
www.dhonimighili.com
www.senspas.com
Tel: +960 450751
시즌인스타일 호텔
www.seasonsinstyle.co.uk
Tel: +44 0151 3420505
에어택시 정보
www.mataxi.com

수크에서 쇼핑을, 모로코
다 레 시고뉴 숙박 정보
www.lescigognes.com

검은꼬리누를 따라가다, 탄자니아
에버크롬비 & 켄트
www.abercrombiekent.co.uk
Tel: +44 0845 0700610
세렝게티 사파리
www.balloonsafaris.com

달리는 궁전에 몸을 싣다, 인도
인도 여행 정보
www.transindus.com
Tel: +44 020 8566 2729
기차 여행 정보
www.palaceonwheels.net
인도 관광
www.tourismofindia.com

오지 토레스 델파인 트래킹, 칠레
블루 그린 어드벤처
www.bluegreenadventures.com
Tel: +56 61 412911

바자 반도에서 즐기는 바다 카약, 멕시코
바자 아웃도어 스포츠 정보
www.kayakinbaja.com
Tel: +52 612 1255636
멕시코 관광공사
www.visitmexico.com
라 파즈 호텔
www.elangelazul.com
멕시코 쉐라톤 호텔
www.sheraton.com

라이스보트로 크루즈 여행, 인도
인도 여행 정보
www.transindus.com
Tel: +44 020 8566 2729

인도 관광
www.tourismofindia.com
숙박정보
www.cghearth.com
www.windermeremunnar.com

발레 블랑쉬에서 스키를, 프랑스
스키 전문 여행사, 닐슨
www.neilson.co.uk
Tel: +44 0870 3333356
샤모니 관광 안내
www.chamonix.com

논길을 달리는 자전거 여행, 베트남
여행 정보
www.worldexpeditions.co.uk
Tel: +44 020 8870 2600
베트남 관광청
www.vietnamtourism.com

사하라의 축제, 튀니지
튀니지 국제 관광 사무국
www.tourismtunisia.com

중세의 도시를 발견하다, 에스토니아
에스토니아 여행 정보
www.visitestonia.com
숙박 정보
www.threesistershotel.com

흑진주를 찾아서, 폴리네시아
타히티 관광공사
www.tahiti-tourisme.pf
마니히 진주 비치 리조트
www.pearlresorts.com